누구나 한 번쯤 읽어야 할

김삿갓의
지혜

누구나 한 번쯤 읽어야 할

김삿갓의
지혜

이문영 엮음

정민
미디어

머리말

조선 후기 때, 팔도를 휘젓고 다닌 뛰어난 시인이 있었다. 그의 이름은 김병연(金炳淵, 1807-1863)으로, 자는 성심(性深)이고 호는 난고(蘭皐)이다. 속칭 김립(金笠)이라고도 불리는데, 그가 바로 우리가 알고 있는 김삿갓이다.

흔히 그를 일컬어 '방랑시인'이라고 한다. 전국을 떠돌며 즉흥시로 세상을 노래했기 때문이다. 그가 왜 방랑시인이 되었는지는 이 책 끝부분에 좀 더 구체적으로 밝혀 놓았다. 역적의 죄를 범한 할아버지 탓에 하늘을 보고 살수가 없었던 그는 큰 삿갓으로 얼굴을 가린 채 홀연히 집을 떠났다. 노모와 처자식까지 거느린 그였다. 예나 지금이나 그런 상황에서 모든 것을 다 내려놓기란 쉬운 일이아니다. 더구나 그는 당대를 호령하던 세도가문 안동 김씨였으며, 누구보다도 빼어난 시를 지어내는 능력의 소유자였다. 그런 만큼 당시 그가 과거에 응시했다면 장원은 당연지사였을 것이다.

그럼에도 그는 모든 사회적·물질적 욕망을 내려놓고 평생 방랑의 길을 갔다. 그는 40여 년에 걸친 방랑을 통해 많은 사람을 만났고, 팔도의 산천을 접했다. 그 과정에서 많은 시를 지었다. 때로는 감격하며 때로는 분노하며 붓 가는 대로 시를 썼다. 일필휘지로 써 내려간 그의 작품들은 하나같이 깊은 울림과 기발한 해학, 풍자를 담고 있다. 그가 당대에는 물론 오늘날에 이르기까지도 사람들의 입에 오르내리는 까닭은 바로 이 때문이다.

이 책은 그러한 김삿갓의 시를 토대로, 있었을 법한 일을 상상하여 이야기로 엮은 것이다. 굳이 '상상'이라는 단어를 사용한 이유는 그의 전기 관련 문헌이 거의 없기 때문이다. 이야기를 꾸미면서 몇몇 선배 문인이 먼저 헤쳐 나아간 상상의 길을 엿보기도 했다. 그렇게 참조하며 꾸며낸 이야기를 총 7장으로 나누어놓았다.

김삿갓의 이야기는 남녀노소 누구나 한 번쯤은 접해보았을 내용이다. '모든 물욕을 떨쳐버린 사람은 과연 어떤 생각을 하고 평생을 살았는가?' 하는 화두 하나만으로도 일독의 가치는 충분하다. 그때그때 난국을 헤쳐나간 그의 탁월한 지혜와 품격 높은 해학을 내 것으로 만들 수 있다면 인생을 살아가는 데 큰 힘이 될 것이다. 우리 문학사에서 손에 꼽히는 대시인 김삿갓. 이제 그를 제대로 만나보자.

이문영

인격의 지혜

정의의 지혜

배움의 지혜

부록

인생의 지혜

십 년을 산 사람도 백 년을 산 사람도 우주의 영겁에 비하면 한순간에
지나지 않는다. 그러나 많은 사람이 그 사실을 쉽게 깨우치지 못한다.

나그네 인생

영생하는 사람은 아무도 없다.
누구나 죽으므로 인간은 이 세상에 잠시 왔다 가는 나그네와 같다.
십 년을 산 사람도 백 년을 산 사람도 한순간에 지나지 않는다.

해가 지자 김삿갓은 또 하룻밤 머물 곳을 찾아 나섰다.

산에서 내려와 마을로 들어선 김삿갓은 멀리서도 눈에 띄는 큰 기와집으로 갔다. 그 집은 얼마나 넓은지 가까이 다가가자 끝이 보이지 않을 정도였다.

"이리 오너라."

늘 그렇듯 김삿갓은 큰소리로 외쳤다. 이윽고 하인 하나가 조르르 달려 나왔다. 김삿갓의 초라한 행색을 보자 하인은 금방 태도를 바꿔 하대했다.

"거지 주제에 공손하게 밥이나 한술 달래서 가져갈 일이지, 건방지게 양반 흉내는……."

김삿갓은 하인에게 엄중한 목소리로 꾸짖었다.

"어허! 하인 주제에 말이 거칠구나. 어서 가 주인어른 나오시라고 해라."

하인은 기가 막힌 나머지 얼굴을 붉히며 말을 더듬었다.

"이, 이런, 거지 놈이 어디서 감히 우리 주인어른을 나오라고 호령을 하는 게냐? 이 댁이 어떤 댁인 줄 알기나 하느냐?"

김삿갓 역시 예절도 없고 무식한 하인과 말싸움을 하기는 싫었으나 짐짓 궁금하다는 듯 물었다.

"그래, 이 댁이 어떤 댁이냐?"

"이 댁은 대대로 십육 대째 살아오고 있는 뼈대 깊은 댁이다. 너처럼 근본도 없는 거지가 넘볼 집이 아니란 말이야."

이번에도 김삿갓은 준엄한 목소리로 물었다.

"그렇다면 그 십육 대가 지금 이 집에 다 살고 계시느냐?"

"이런 미친놈을 봤나? 그야 윗분들은 벌써 돌아가셨지, 그걸 말이라고 하느냐?"

김삿갓이 미소를 지으며 말했다.

"허허, 그렇겠지. 그렇다면 이 댁 주인이나 나나 이 세상에서 잠깐 머물다 갈 나그네가 아니겠느냐? 나그네가 나그네 집에서 하룻밤 묵어가겠다는데, 그게 무슨 대단한 일이라고 그리 빡빡하게 구느냐? 어서 가 주인어른 모셔 오너라."

그때 뒤에서 듣고 있던 주인이 하인을 물리치며 앞으로 나섰다.

"삿갓 양반 말씀이 옳소. 어서 안으로 들어오시오. 우리 집 하인이 무례를 범했구려."

인생의 철학을 아는 주인을 만난 덕분에 김삿갓은 그날 밤 그 집에서 편히 쉴 수 있었다.

자연과 더불어 살아가는 산골 노부부

사람들은 대자연의 섭리를 망각한 채 살아가고 있다.
자연이 주는 혜택을 제대로 누리지 못하면서
재앙이 닥칠 때마다 불평만 하며 자연에 대드는 우를 범한다.

깊은 산중에서 인가를 찾아 헤매던 김삿갓이 마침내 다 쓰러져가는 오두막집 하나를 발견했다.

'저런 움막 같은 집에 과연 사람이 살고 있을까……'

내리 사흘을 굶은 탓에 절실히 먹을거리를 찾아다니던 김삿갓에게 그 집은 그리 반가워 보이지 않았다. 아무도 살지 않는 폐가라면 먹을 게 없을 것이기 때문이다.

하지만 뜻밖에도 그 집에는 노부부가 살고 있었다. 팔순을 훌쩍 넘긴 그들은 정정했는데, 얼굴에는 근심이 하나도 깃들지 않았다.

"마누라, 손님이 오셨구려. 어서 점심을 지어요."

주인 노인은 김삿갓을 반갑게 맞으며 부인에게 식사를 준비하라 일렀다. 인적이라고는 찾아볼 수 없는 깊은 산중에 노부부 단둘만 사는 게 신기해서 김삿갓이 물었다.

　"영감님께서는 이 산골에서 산 지가 얼마나 되셨습니까?"

　"얼마나 되긴? 나는 코흘리개 때부터 지금까지 여기서 떠나본 적이 없는걸."

　'놀랍군! 보통 사람 같으면 갑갑해서 한 달도 살 수 없을 터인데, 그토록 오랫동안 살아왔다니…….'

　"평생 두 분만 이곳에서 사셨단 말씀입니까?"

　"그건 아니지. 한때는 이곳에도 집이 스무 채 정도 있었지만, 하나둘 도성을 찾아 나가고 한 십 년 전부터 결국 우리 둘만 남았지."

　"그럼 영감님은 슬하에 자제분을 두지 않으셨습니까?"

　"있네. 하지만 그 아이들도 다 산을 내려가 제 길을 찾아갔지."

　그때 노파가 밥상을 들고 들어왔다. 상차림을 보니 쌀한 톨 섞이지 않은 보리밥과 삶은 감자, 옥수수 그리고 간장이 전부였다.

　"찬은 없지만 많이 드시게."

주인 노인이 다정하게 식사를 권했다.

"자제분들이 모두 떠났으면 집에 젊은이가 없을 텐데, 그럼 영감님께서는 어떻게 생활을 꾸려가십니까?"

"두 늙은이가 먹으면 얼마를 먹는다고…… 먹고사는 데는 큰 불편이 없으니 생활은 어렵지 않네."

"그래도 연세가 있으신데, 농사를 지으려면 힘들 것 아닙니까?"

김삿갓은 자꾸만 걱정되었다. 팔순을 넘긴 두 노인이 힘든 경작을 하기란 보통 어려울 것이 아니었다. 그러나 주인 영감은 편안한 표정으로 대답했다.

"농사랄 게 뭐 있나? 봄에 보리랑 감자랑 호박, 이런 것 몇 가지만 심어놓으면 한 해 먹을 걱정은 없는걸."

"그래도 일 년 내내 보리밥에 호박죽, 찐 감자만으로 먹고살 수는 없지 않습니까?"

"그렇지. 그것만으로는 먹고살 수 없지."

"그럼 다른 농사를 짓지 않아도 먹을거리가 있다는 말씀입니까?"

"이보시게. 산짐승이나 들짐승이 농사를 짓지 않는다고 해서 굶어 죽는 것 보았는가? 모든 동물은 농사를 짓지 않

아도 잘 살아가고 있어. 그것이 대자연의 섭리라고 할 수
있지."

"하지만 사람이 풀만 먹고는 살 수도 없는 노릇이고, 또
그 연세에 짐승 사냥을 해서 고기를 드실 수도 없는 일 아
닙니까?"

노인이 웃으며 말했다.

"허허, 자네가 이 늙은이 걱정을 많이 해주시는구려. 하
지만 자네가 생각하는 것보다 이 산중에는 먹을 것이 많
네. 철 바뀔 때마다 냉이며 달래, 두릅, 고사리 같은 푸성귀
도 많고, 복숭아, 앵두, 밤, 잣, 도토리 같은 과실도 많지."

'아!'

김삿갓은 뭔가로 뒤통수를 얻어맞은 것처럼 번쩍 정신
이 들었다.

'내가 왜 그 생각을 못 했을까!'

그랬다. 아웅다웅 싸우고 부대끼며 살아가는 사람 대부
분은 자연의 그 오묘한 진리를 알 리가 없다. 남보다 편하
게 살려고 아등바등하고, 남보다 권위를 누리며 살아가려
고 욕심을 부리는 사람들은 주인 노인의 말을 이해할 수
없을 것이었다.

김삿갓은 노인의 집을 떠나면서 진심으로 우러나는 존경심에 몇 번이고 절을 한 뒤에야 발길을 돌렸다.

가난이 죄

땅 위에 신선이 있으니 부자가 신선이고
인간에겐 죄가 없으니 가난이 죄라네.
가난한 자와 부자가 따로 있다고 말하지 말게.
가난한 자도 부자 되고 부자도 가난해지는 법이라네.

地上有仙仙見富 지상유선선견부
人間無罪罪有貧 인간무죄죄유빈
莫道貧富別有種 막도빈부별유종
貧者還富富還貧 빈자환부부환빈
難貧 난빈

● 어느 졸부가 가난한 자들을 깔보자 딱하다며 혀를 차고는 지은 시다.

호랑이 등을 베개 삼아

시련에 부딪힐 때마다 좌절한다면 인생은 더없이 고달플 것이다.
하지만 차분한 마음으로 난관을 극복해 나아간다면
인생은 더없이 즐거울 것이다.

바람이 몹시 매서운 한겨울의 어느 날이었다. 김삿갓은 거의 무릎까지 빠지는 눈길을 걷고 있었다. 제법 먼 길을 온 것 같은데 막상 뒤돌아보면 아까 보았던 나무가 저만치에 버티고 서 있곤 했다. 그만큼 걷는 일조차 힘든 날씨였다.

한참을 걸었건만 인가는 고사하고 허름한 움막조차도 보이지 않았다.

그러는 사이에 어느덧 날이 저물어 사위가 어둠에 휩싸였다.

'이거 큰일인걸. 바람이 이렇게 세차게 부니…… 인가를

찾지 못하면 오늘 밤엔 필시 얼어 죽고 말 터인데…….'

그렇게 절망에 싸여 부지런히 걸음을 옮기다가 드디어 몸을 가릴 움막 하나를 발견했다.

'그래도 사람이 죽으라는 법은 없구나!'

김삿갓은 천신만고 끝에 움막으로 들어가 바람을 피할 수 있었다. 움막 안은 칠흑처럼 어두웠다. 사람이 살지 않는 곳이니, 등잔불은 언감생심이었다. 너무 지친 그는 손을 더듬어 살펴볼 틈도 없이 풀썩 주저앉았다. 부드러운 털 같은 촉감이 제법 온기가 느껴졌다. 마치 부드러운 솜털이 와 닿는 것 같았다. 그는 이내 곯아떨어졌다.

얼마나 잤을까. 심한 갈증을 느끼며 잠에서 깬 그는 눈을 비볐다. 어느새 희뿌옇게 날이 밝아오고 있었다.

"아, 세상 모르게 잠에 빠졌었구나."

혼잣말을 하며 주위를 살피던 그는 순간 화들짝 놀랐다. 움막 안으로 새어드는 새벽녘의 빛이 부드러운 털의 정체를 똑똑히 밝히고 있었기 때문이다.

'내, 내가 밤새 호랑이 등을 베고 잤단 말인가!'

등골에 이내 식은땀이 송골송골 맺혔다. 몸을 일으켜 움막을 빠져나가야 한다는 마음이 굴뚝같았다. 하지만 섣불리 움직였다가 호랑이가 잠에서 깨기라도 하면 그 순간 호랑이 밥이 될 터였다. 이러지도 저러지도 못한 채 그는 간신히 숨만 쉬었다.

시간이 얼마나 흘렀을까. 호랑이를 베고 누운 채 움막 틈새로 밖을 내다보니 눈이 내리기 시작했다. 지금 처한 심정은 두렵고 답답하였으나 내리는 눈을 보자 왠지 가슴 한구석이 푸근해지기 시작했다.

'그래, 이래 죽으나 저래 죽으나 죽기는 매한가지 아닌가. 어차피 호랑이가 깨어나면 죽고 말 텐데…….'

그런 마음이 생기니 저절로 입에서 시가 흘러나왔다.

> 달도 희고 산도 희고 온통 하얀 세상이구나.
> 깊은 산 깊은 밤, 이 나그네의 근심도 깊구나.

그렇게 시 한 수를 읊고 나니 한결 마음이 편해졌다. 그 마음을 의지하며 김삿갓은 천천히 몸을 일으켰다. 호랑이가 잠에서 깨어나 당장 먹이가 된다 해도 어쩔 수 없다는 심정이었다.

하늘이 도운 것일까. 죽어도 좋다는 마음으로 행동을 하니 오히려 몸이 가벼워졌다. 호랑이는 여전히 깊은 잠에서 헤어나지 못했다. 그는 딱히 서두르지 않고 움막을 빠져나왔다. 움막 밖 세상은 온통 흰 눈으로 덮여 있었다.

세 사내의 추위 자랑

살다 보면 거짓말도 때때로 약이 될 수 있다.
유익한 거짓말, 특히 해학이 담겨 있는 가벼운 거짓말은
우리 삶을 좀 더 윤택하게 해줄 것이다.

장터를 지나던 중 김삿갓은 한 무리가 모여 있는 것을
보고 그들에게 다가갔다. 그들 중 세 사내가 내기를 하고
있었는데, 내기의 주제는 누구의 고향이 제일 추운가 하
는 것이었다.

'참 희한한 걸 가지고 내기를 다 하는구나!'

김삿갓은 자못 흥미롭게 그들의 내기를 지켜보았다. 평
안도에서 온 이 서방과 함경도에서 온 박 서방, 백두산 근
처에서 온 황 서방이 내기의 주인공들이었는데, 평안도
중강진에 사는 이 서방이 먼저 말문을 열었다.

"내 고향 중강진은 얼마나 추운지 한겨울에 오줌을 누

면 오줌 줄기가 음경 끝에서 땅 위까지 고드름처럼 얼어붙는다오."

이 서방의 말에 사람들이 박장대소했다.

"그렇다면 음경까지 얼어붙어 못쓰게 되겠군, 하하하!"

"이 사람아, 그런 걱정은 안 해도 되네. 음경이 얼어붙으면 마누라가 녹여줄 것 아닌가. 하하하!"

다음은 함경도 출신의 박 서방이 이야기를 시작했다.

"내 고향에서는 겨울이면 무슨 이야기를 지껄여도 알아들을 수가 없소이다. 왜냐하면 너무 추워서 말소리가 입 밖에 나오자마자 꽁꽁 얼어붙기 때문이지."

군중 속의 누군가가 물었다.

"그럼 겨우내 아무 말도 못 하고 산다는 말이오?"

"아쉽지만 겨울 동안은 말을 알아들을 수 없소. 그러나 봄이 되면 겨우내 얼어붙었던 말들이 공중에서 전부 쏟아져 나와 왁자지껄 시끄러워진다오."

김삿갓은 그의 말을 듣고 경탄을 금치 못했다. 말이 공중에 얼어붙었다가 봄이 되면 쏟아져 나온다는 표현은 얼마나 기발하고 시적인가.

마지막으로 백두산에서 온 황 서방이 이야기를 꺼냈다.

"내 고향 백두산은 얼마나 추운지 방 안에서 촛불을 켜도 그 불꽃이 꽁꽁 얼어붙는다오. 어떻소? 이만하면 앞에서 말한 두 사람보다 훨씬 춥다고 생각되지 않소?"

세 사람의 이야기가 모두 끝났고 이제 승자를 가릴 때가 되었다. 심판관은 함경도 출신의 박 서방 손을 들어주었다. 어차피 지금까지 세 사람은 거짓말을 해온 터라 그럴듯하게 이야기를 꾸민 사람에게 일등을 주었다는 것이 심판관의 변이었다. 김삿갓은 심판관의 결정에 고개를 끄덕이며 발길을 돌렸다.

시시비비

옳은 것 옳다 하고 그른 것 그르다 함이 꼭 옳진 않고

그른 것 옳다 하고 옳은 것 그르다 해도 옳지 않은 건 아닐세.

그른 것 옳다 하고 옳은 것 그르다 함이 그른 것은 아니고

옳은 것 옳다 하고 그른 것 그르다 함이 시비일세.

是 시
是 시
非 비
非 비
是 시
非 비

是 시
是 비
非 비
非 시
是 시
非 비

是 시
是 시
非 비
非 비
是 시
非 비

是 시
是 시
非 비
非 비
是 시
非 비

是 시
是 시
非 비
非 비

영원히 사는 방법

아흔 살 먹은 노인이 조금만 더 살게 해달라며 스님을 찾아왔다.
스님은 노인에게 영생의 세계에서 사는 방법을 일러주었다.

금강산의 어느 절에 덕이 높은 스님 한 분이 머물고 있
었다.

김삿갓이 그 스님을 찾아가 차를 얻어 마시고 있는데
얼굴색이 좋지 않은 한 노인이 찾아왔다.

"몸이 불편하신 것 같은데 어떻게 이 높은 곳까지 찾아
오셨는지요?"

스님이 묻자 노인은 몹시 힘든 표정을 지으며 말했다.

"내 나이가 올해로 꼭 아흔이 되었습니다. 몸이 예전 같
지 않은 걸 보니 이제 살날도 얼마 남지 않은 듯합니다. 스
님께서는 영험하시다는 말을 들었는데 저를 조금만 더 살

게 해주실 수 없으신지요?"

김삿갓은 내심 깜짝 놀랐다.

'나이가 아흔이나 됐는데 더 살겠다고 스님을 찾아오다니! 사람의 욕심이란 참으로 끝이 없구나!'

스님이 반문했다.

"얼마나 더 살기를 원하시는지요?"

노인이 대답했다.

"한 백 살까지만 살고 싶습니다."

"영감님은 왜 그렇게 욕심이 없으십니까? 백 살을 산 다음에는 죽겠다는 말입니까?"

노인은 골똘히 생각하더니 이내 말을 바꿨다.

"그럼 한 백오십 살까지 살게 해주십시오."

"알겠습니다. 그럼 백오십 살까지 살게 해드리지요. 그런데 백오십 살이 되면 돌아가실 텐데, 그래도 괜찮겠습니까?"

노인이 또 머뭇거리더니 말을 바꿨다.

"그럼 한 이백 살쯤 살게 해주십시오."

스님이 빙그레 미소를 지으며 말했다.

"영감님은 참 욕심이 없으시군요. 이왕이면 영원히 살

게 해달라고 말씀하시지 그러십니까?"

"예? 영원히 살도록 해주실 수도 있단 말입니까?"

노인은 눈을 동그랗게 뜨고 물었다.

"그렇습니다. 부처님이 계신 극락세계에서는 죽음이 없답니다. 그곳만이 영생의 세계라는 사실을 왜 모르십니까? 자, 이제 어떻게 하시겠습니까?"

노인이 얼른 합장하며 고개를 숙였다.

"제가 나이만 먹었지 어리석었군요. 이제 부처님이 계신 영생의 세계로 가기 전까지 열심히 기도하며 살겠습니다."

스님의 능수능란한 포교술에 감탄한 김삿갓은 절로 고개를 숙였다.

몽둥이가 명약

몸에 해롭다고 해서 그런 것들을 무조건 피하는 건 좋은 일은 아니다.
이것저것 가리다 보면 나중에는 먹을 것도, 할 일도 없어진다.
적당히 취하고 적당히 삼가는 지혜가 필요하다.

김삿갓이 어느 의원의 집에서 머물게 되었다.

아침이 되자 어깨가 축 처진 젊은 환자 하나가 약방문을 밀고 들어섰다. 젊은이는 의원에게 작은 소리로 말했다.

"선생님, 저는 어찌 된 일인지 종일 기운이 없습니다. 왜 그런지 진맥 좀 봐주십시오."

의원은 젊은이의 진맥을 보더니 고개를 갸웃했다.

"이상하군. 진맥을 보니 전혀 이상이 없는데……."

김삿갓이 끼어들어 젊은이에게 물었다.

"기운이 없다고 하니 뭔가 병이 있는 듯한데, 식사는 제대로 하시오?"

"예. 하루 세 끼를 꼬박꼬박 챙겨 먹습니다."

"거참, 그런데 기운이 없다니 이상하군."

의원이 재차 물었다.

"그럼 술을 많이 하는가?"

의원의 물음에 젊은이가 고개를 크게 저었다.

"아닙니다. 술이 몸에 얼마나 해로운데 그걸 마시겠습니까? 저는 술은 한 방울도 입에 대지 않습니다."

"그래? 밥도 잘 먹고 술도 안 하는데 기운이 없다고 하니, 거참 이상하군."

의원이 또 물었다.

"그렇다면…… 자네, 용색(用色)이 과도한 건 아닌가?"

"예? 그게 무슨 말씀이신지요?"

김삿갓이 의원의 말을 풀어 설명해주었다.

"밤일을 많이 하는 편이냐고 물으신 걸세."

젊은이는 눈을 크게 뜨며 손을 휘저었다.

"그게 무슨 말씀입니까? 밤일을 하면 기운이 얼마나 많이 소모되는데 어찌 그런 일을 자주 합니까? 저는 한 달에 하루 정도만 그 일을 하고 그 외에는 전혀 여자를 가까이 하지 않습니다."

그 말을 듣자 갑자기 의원이 펄쩍 뛰었다.

"예라, 이 머저리 같은 놈아! 밤일을 겨우 한 달에 한 번 한다는 말이냐? 나 같은 늙은이도 사나흘에 한두 번은 그 일을 치르는데, 너처럼 힘이 넘쳐나는 젊은 놈이 몸에 해롭다고 일부러 피한단 말이야? 꼴도 보기 싫으니 썩 꺼져라, 이놈아!"

젊은이는 의원의 호통에 냅다 꽁무니를 뺐다.

젊은이가 사라진 뒤 김삿갓이 의원에게 물었다.

"아니, 아프다고 찾아온 사람을 그렇게 호통을 쳐서 보내는 의원이 어디 있습니까?"

의원은 여전히 분이 안 풀렸는지 씩씩 숨을 몰아쉬며 말했다.

"저런 놈이 환자는 무슨 환자요? 밥 잘 먹고 술도 안 마신다면 기운이 펄펄 넘쳐날 게 아니오? 저런 놈은 식충이보다도 못한 놈이니 약이 따로 없소. 오히려 매가 약이오. 한번 호되게 몽둥이찜질을 당하면 정신이 번쩍 들 터이니 그게 바로 명약이란 말이오."

의원의 말에 김삿갓이 크게 웃으며 맞장구를 쳤다.

"하하하! 듣고 보니 의원님 처방이 옳습니다."

금강산

소나무와 소나무, 잣나무와 잣나무, 바위와 바위를 돌아오니
물과 물, 산과 산이 곳곳마다 기묘하구나.

松松栢栢岩岩廻　水水山山處處奇
송송백백암암회　수수산산처처기
金剛山
금강산

● 시어를 반복함으로써 시각적 · 청각적 효과를 높였다.

다람쥐와 노는 노승

금강산에 들어간 김삿갓은 절경에 정신이 팔린 채 세월
아 네월아 걸어가고 있었다.

때는 어둑어둑하여 땅거미가 몰려들 무렵이었는데, 머
물다 갈 곳을 찾던 중 저만치에 작은 암자 하나가 보였다.

목탁 소리 하나 없고 워낙 조용하여 빈 절인가 싶어 다
가가 보니 방 안에는 노승 하나가 면벽을 한 채 무아지경
에 빠져 있었다. 김삿갓은 툇마루에 걸터앉아 노승의 좌
선이 끝나기를 기다렸다. 하지만 한참이 지나도 노승은
꼼짝하지 않고 그대로 있었다.

그런데 갑자기 암자 마당에서 이상한 일이 벌어지기 시

작했다. 어디서 왔는지 다람쥐들이 하나둘 나타나더니 어느새 수십 마리가 부산스럽게 마당을 오락가락하는 것이었다.

김삿갓은 희한한 광경에 다소 놀라며 손을 휘저어 다람쥐들을 쫓으려고 했다. 그러나 다람쥐들은 조금 물러나는 시늉을 하다가는 이내 다시 몰려와 찍찍댔다.

그때 노승이 좌선을 끝내고 마당으로 나왔다. 김삿갓은 얼른 노승에게 합장했다. 노승은 말없이 합장으로 답례하고는, 다람쥐들이 노니는 곳으로 걸어갔다.

이게 어찌 된 일인가. 다람쥐들은 노승의 머리며 어깨, 손 할 것 없이 온몸에 달라붙어 떨어질 줄 몰랐다. 마치 노승의 몸이 다람쥐의 놀이터가 된 형국이었다.

다람쥐와 한 몸이 되어 한동안 노닐던 노승은 다람쥐들을 땅에 내려놓은 다음 부엌으로 들어가 도토리 한 바가지를 들고 나왔다. 그러고는 마당에 널찍하게 뿌려주자 다람쥐들은 사방에 흩어져 도토리를 주워 먹었다.

사실, 다람쥐들은 도토리를 먹으려고 암자 마당으로 몰려왔던 것이다. 하지만 먹이 때문이라고는 해도 동물과 사람이 그처럼 혼연일체가 된 모습을 김삿갓은 처음 보았다. 그것은 감동적인 장면이 아닐 수 없었다.

그 광경은 자연과 사람이 하나 된 모습이었다. 이를 자연스럽다고 표현하는 것이 아니겠는가. 그것은 살아 있는 생명체끼리의 스스럼없는 교감이기도 했다.

나무꾼의 자비심

태어나서 줄곧 깊은 산골에서만 살아온 나무꾼.
늙은 말이 힘들어할까 봐 나무를 손수 지게에 지고
집으로 향하는 그는 분명 살아 있는 부처 아닌가.

날이 저물어갈 무렵, 김삿갓은 아직 깊은 산중에서 벗어나지 못하고 인가를 찾기 위해 걸음을 재촉하고 있었다. 그런데 저만치에서 웬 나무꾼 하나가 걸어오고 있었다.

그는 김삿갓이 하룻밤 묵을 곳을 찾는다는 말을 듣고는 서슴없이 자기 집으로 안내했다.

"이곳 산중에는 집이라곤 우리 집 하나밖에 없습니다. 어서 가시지요."

그런데 가만히 보니 나무꾼은 말 한 마리를 끌고 가고 있었는데, 자신은 무거운 지게를 짊어졌으면서 말 등에는 아무것도 얹어놓지 않았다. 김삿갓이 물었다.

"무거운 짐을 말 등에 얹어 싣고 갈 일이지, 왜 그냥 끌고 가십니까?"

나무꾼이 웃으며 대답했다.

"예, 이 녀석은 오늘 온종일 일을 너무 많이 해서 힘이 들 겁니다. 그래서 좀 쉬게 해주는 것입니다."

김삿갓은 얼른 이해가 가지 않았다. 아무리 힘든 일을 했다고 해도 사람이 더 힘들지, 말이 더 힘들까? 그래서 다시 물었다.

"말은 사람보다 수십 배나 더 힘이 센 동물이라오. 아무리 말이 힘든 일을 했다 할지라도 사람보다는 아직 덜 지쳤을 것이오. 노형이 뭔가 잘못 생각하고 있는 게 아니오?"

나무꾼이 인자하게 미소를 지었다.

"말이 사람보다 힘 세다는 것은 저도 잘 알고 있습니다. 하지만 이 말은 너무 늙어서 젊은 말처럼 힘이 세지 않답니다. 그건 제가 늘 옆에서 보아온 터라 잘 압니다."

"거참! 늙어서 일을 제대로 할 수 없는 말이라면 내다 팔든가 없애버릴 일이지, 왜 끌고 다닌단 말이오?"

"그렇긴 합니다만, 그럴 수가 없습니다. 제 할아버지 때부터 함께 살아온 말입니다. 그동안 숱하게 어려운 일도 많이 해왔고요. 그렇기에 저는 이 말이 우리 집안에 끼친 은공을 잊지 못하고 있답니다."

김삿갓은 순간 정신이 번쩍 들었다. 한낱 집에서 기르는 말을 상대로 은공 운운하다니? 이건 보통 사람들의 입에서 나올 법한 말이 아니었다. 혹시 이 사람은 절에서 도를 닦다가 출가한 스님이 아닐까?

"혹시 불가에 몸을 담은 적이 있는지요?"

나무꾼이 두 손을 내저으며 말했다.

"아, 아닙니다. 제가 감히 어떻게 그런 일을…… 저는 그저 나면서부터 지금까지 줄곧 이 산속에서만 살아온 사람입니다."

그렇다면 더욱 놀라운 일이었다.

나무꾼은 그야말로 산골 촌뜨기가 아닌가. 불자도 아니면서 부처님과 같은 마음을 지니고 있으니, 그는 다른 것은 몰라도 분명 지혜로운 사람임이 틀림없었다.

부처님은 자비를 가장 큰 덕목으로 여겨온 존재였다. 그런데 이 나무꾼은 하찮은 짐승에게까지 자비를 베풀고 있지 않은가. 그러니 어찌 부처님과 같은 마음을 지니지 않았다고 말할 수 있겠는가.

김삿갓은 나무꾼을 통해 새삼스레 자신이 걸어온 길을 돌아보았다.

　'나는 과연 누구에게 어떤 자비를 베풀며 살아왔는가? 내가 방랑의 길을 떠돌고 있는 것은 과연 잘하고 있는 일인가?'

　조부의 죄가 부끄러워 일체의 관직을 거부하고, 또한 하늘을 보기가 부끄럽다 하여 큰 삿갓을 쓴 채 떠돌고 있는 자신이 왠지 초라하게 느껴졌다.

　나무꾼의 집에 도착하여 소박한 저녁을 먹고 잠자리에 누웠으나, 김삿갓의 상념은 밤이 깊도록 이어졌다.

병은 자신의 마음이 고치는 것

병을 약으로 고친다는 것은 거짓말이다.
그렇다면 세상에 죽을 사람이 어디 있겠는가.
병은 스스로 다스리는 것이다.

강원도 어느 마을에 진맥조차 제대로 못 보는 돌팔이 의원이 있었다. 그는 의사로서의 소양은 없었으나 워낙 임기응변에 능하여 그 마을 사람들은 그를 명의인 줄 알고 있었다. 어떤 병이든 그가 진맥을 보고 내려준 처방대로 하면 틀림없이 병이 낫기 때문이었다. 김삿갓도 처음에는 그가 명의인 줄 알고 찾아갔다가 이내 돌팔이 의원임을 알게 되었다.

김삿갓이 의원을 찾아갔을 때, 웬 사내가 헐레벌떡 의원을 찾아왔다. 사내는 배 안에 무슨 달걀 같은 것이 위아래로 왔다 갔다 하여 영 거북해 살 수가 없다고 호소했다. 돌팔이 의원은 진맥을 보는 둥 마는 둥 시늉만 하더니 이내 진단을 내렸다.

"자네 배 안에서 달걀만 한 게 왔다 갔다 하는 것은 방귀가 탈출구를 찾지 못해 방황하는 것일세. 자네 얼굴이 볼기짝처럼 생겨 방귀가 출구를 제대로 찾지 못하고 오락가락하는 것이니, 이 약을 달여 먹으면서 부지런히 운동하게."

김삿갓이 의원의 처방을 보고는 따져 물었다.

"세상에 방귀를 몰아내는 약도 있소? 나는 어느 의서에서도 그 같은 약이 있다는 것을 들어본 적이 없소."

의원이 솔직히 고백했다.

"그런 약이 의서에 나올 리가 만무하지. 하지만 난 내가 내린 처방에 대해 항상 자신을 갖고 있소. 방금 다녀간 사내는 무슨 병이라고 생각하오?"

"글쎄, 나도 진맥을 볼 줄 몰라서 잘은 모르겠소만⋯⋯."

"내가 보기에 그 사내는 소화불량이오. 다른 몹쓸 병에 걸렸다면 얼굴색이 그렇게 좋을 리가 없소. 그러니 며칠 소화제 좀 먹고 운동을 열심히 하면 속이 다스려지지 않겠소? 어떻소? 내가 틀린 처방을 내린 거요?"

정말 소화불량이라면 그의 처방이 맞았다. 하지만 소화

불량이 아니고 다른 병이라면 그는 의원 노릇을 그만두어야 할 것이었다. 그런데 지금까지 그는 딱히 실수 없이 진맥을 보고 약을 지어주었으며, 환자들도 그 약을 먹고 병이 나았다. 그러고 보면 나름대로 비법을 가진 셈이었다.

"모름지기 병은 스스로 낫게 되어 있는 것이오. 약이라는 것도 환자의 마음을 안정시켜주는 역할만 할 뿐이지, 약으로 병을 고친다는 것은 말짱 거짓말이라 이 말이오."

김삿갓은 의원의 말을 듣고 뭔가 깨닫는 바가 있었다. 병은 스스로 낫게 되어 있다는 말이 가슴에 와 닿았다. 그 말은 틀린 게 아니었다. 약으로 병이 낫는다면 이 세상에 죽을 사람이 어디 있겠는가. 모든 생로병사가 자신의 마음에 있다는 진리를 돌팔이 의원이 새삼 일깨워준 것이다.

처세의 지혜

평소 어떻게 행동했느냐에 따라 중대한 고비에서 흥망이 갈린다. 따라서 아무리 하찮은 일이라도 평소에 신임을 잃지 않도록 처신해야 한다.

방랑의 원칙

방랑에도 원칙이 있어야 한다. 원칙이 없으면 사람이 추해질뿐더러
거지 취급을 받게 된다. 무엇보다 절제하는 마음이 없으며
덧없이 객사하게 될지도 모른다.

김삿갓은 방랑을 시작하면서 몇 가지 나름의 원칙을 세
워두었다. 금강산 구경을 목적으로 돌아다니고는 있지만
끝날 날을 모르는 유랑이기에 마음을 단단히 먹지 않으면
언제 무슨 일을 당할지 모를 일이었다. 그러한 마음의 결
심이 없으면 그야말로 객사할지도 몰랐다.

또한 선비로서의 체통을 지키지 못하고 마음 내키는 대
로 아무렇게나 행동한다면 남들이 걸인 취급을 한다 해도
할 말이 없게 되니, 특별히 입과 몸을 조심하자고 다짐했
다. 그는 다음과 같은 결심들을 가슴 깊이 아로새겼다.

첫째, 유랑하면서는 김병연이라는 이름은 잊어버리고 오로지 김삿갓으로서만 행세한다. 어떠한 경우에도 신분을 밝히지 말고, 끝까지 유랑객으로서 행세한다.

둘째, 누구에게 무슨 일을 당해도 절대 시비(是非)를 가리지 않는다. 그것은 남에게 원한을 살 빌미가 될지도 모르기 때문이다. 또한 누구에게 어떤 수모를 당해도 그저 웃으며 지나쳐야 한다.

셋째, 물욕을 떨쳐버린다. 돈과 명예 따위는 이미 내게서 멀어진 것들이니 훌훌 벗어던지고 자연인으로 돌아가 순수하게 행동한다.

넷째, 정에 흔들리지 않는다. 정에 빠지면 유랑을 할 수 없다. 오는 정은 막지 말되, 가는 정은 붙잡지 않는다.

다섯째, 언제나 선(善)의 편에 서서 말하고 행동한다.

매미와 쇠파리

평소 어떻게 행동했느냐에 따라 중대한 고비에서 흥망이 갈린다.
따라서 아무리 하찮은 일이라도 평소에 신임을 잃지 않도록 처신해야 한다.

숲속을 걸어가던 김삿갓이 어디선가 다급하게 울어대는 매미 울음소리를 들었다. 숲속에서 매미 소리가 나는 것은 예사로운 일이었지만 그 소리가 하도 다급하고 애절하게 들려 소리 나는 곳으로 가보았다. 과연, 나뭇가지 사이로 얼기설기한 거미줄에 매미 한 마리가 걸려 요란스럽게 날갯짓을 하고 있었다.

김삿갓은 매미가 너무 애처로워 거미줄에서 떼어주려고 손을 뻗었다. 그때 지나가던 행인이 멈춰 서더니 혀를 끌끌 차며 말했다.

"쯧쯧, 공연한 수고를 하고 있구려."

"공연한 수고라니요?"

"그까짓 미물을 살려줘봐야 그게 은공을 알기나 하겠소? 원래 자연의 세계란 먹고 먹히는 게 당연한 일이지 않소? 매미를 살려줘봐야 당신에게 고맙다는 말 한마디 못할 것이고, 또 매미를 놓친 거미는 억울해하며 당신을 원망할 게 아니오? 결국 당신한테는 아무 이익도 없을 텐데 뭐 하러 그런 일을 하려는 거요?"

김삿갓이 딱하다는 듯 행인을 바라보았다.

"모르면 잠자코 가던 길이나 가시구려. 원래 거미란 놈은 탐욕스러워서 항상 자기 배만 채우려고 든다오. 하지만 매미는 풀잎에 맺힌 이슬만 핥아먹는 것으로도 만족해하지. 나는 그런 매미가 갸륵해서 살려주려는 거요. 자기 욕심만 채우려고 온갖 냄새를 따라 날아다니는 쇠파리 같은 존재가 거미줄에 걸렸다면 나는 구해주지 않았을 거요."

행인은 아무런 대꾸도 못 하고 발길을 돌렸다.

내 배 타시오!

지금 내가 당신 배에 올라타고 있지 않소?
그러니 당신이 내 마누라가 아니고 무엇이겠소?

금강산으로 가는 길을 재촉하던 김삿갓이 강과 마주하
게 되었다. 어떻게 강을 건너야 할지 고민하고 있는데 저
만치에서 여인의 음성이 들렸다.

"어서 내 배를 타시오!"

소리 나는 곳으로 고개를 돌려보니 웬 여인이 노를 저
으며 다가오고 있었다. 김삿갓은 문득 '내 배를 타라'는 소
리가 야릇하게 들렸다.

"배를 태워준다니 고맙구려."

김삿갓은 여인에게 은근한 미소를 흘리며 배에 올랐다.

배를 타고 얼마간 가다 보니 노를 젓고 있는 여인의 옆

모습이 자신의 부인과 똑 닮아 보였다. 김삿갓은 자기도 모르게 "여보, 마누라!" 하고 불렀다. 이에 여인은 깜짝 놀라며 대꾸했다.

"어머, 망측해라. 내가 왜 당신 마누라요?"

잠시 마누라 생각에 빠져 있다가 그런 실수를 저지른 김삿갓은 딱히 대답할 거리가 마땅치 않아 얼버무렸다.

"지금 내가 당신 배에 올라타고 있지 않소? 그러니 당신이 내 마누라가 아니고 무엇이겠소?"

그러고 보니 여인도 뭐라고 대꾸할 말이 궁색해졌다. 그녀는 그저 빙그레 웃으며 노 젓는 일에만 열중했다.

이윽고 배가 강 건너 나루터에 도착했다.

"자, 고맙소이다. 당신 배를 잘 탄 덕분에 무사히 강을 건너왔구려."

인사를 건네고 배에서 내리려는데 여인이 김삿갓의 등에 대고 외쳤다.

"그래. 조심해서 가거라, 아들아!"

김삿갓이 어이없는 눈초리로 뒤를 돌아보았다.

"내가 왜 당신 아들이란 말이오?"

여인이 웃으며 대답했다.

"지금 내 배 안에서 나왔으니 내 아들이 아니고 무엇이오?"

김삿갓은 여인의 재치에 배를 잡고 웃었다.

삿갓 노래

떠돌아다니는 내 삿갓이 빈 배와 같으니
우연히 한번 쓴 것이 사십 평생 쓰게 되었네.
본시 목동이 가벼운 차림으로 소 먹이러 나갈 때 쓰고
늙은 어부가 고기 잡을 때 쓰는 것이라.
술에 취하면 벗어서 꽃나무에 걸고
흥이 나면 벗어들고 누각에 올라 달 구경하네.
속인들의 사치스러운 의관은 모두 겉치장이지만
나의 삿갓은 하늘 가득한 비바람에도 걱정이 없다네.

浮浮我笠等虛舟 一着平生四十秋

牧堅輕裝隨野犢 漁翁本色伴沙鷗

醉來脫掛看花樹 興到携登翫月樓

俗子依冠皆外飾 滿天風雨獨無愁

詠笠

● 방랑생활을 하며 언제나 벗이 되어주고, 또한 비바람에도 몸을
보호해주는 삿갓에 대한 고마움을 표현했다.

구상유취

남의 실력을 인정하고 자신을 낮출 줄 아는 사람이 대인(大人)이다.
자신보다 더 높은 경지에 있는 줄 알면서도
남을 인정할 줄 모르는 사람이야말로 천하의 소인배다.

불볕더위가 내리쬐는 여름날이었다. 김삿갓이 길을 가
는데 어디선가 개고기 냄새가 풍겨왔다. 냄새가 나는 곳
은 시냇가였는데, 그곳에는 여러 선비가 모여 시회(詩會)
를 열고 있었다. 그들은 저마다 시 한 수씩을 지어 서로 나
누어 읽고는 시평을 늘어놓으며 보신탕을 안주 삼아 술을
마셨다.

김삿갓이 슬며시 그들에게 다가가 어깨너머로 선비들
이 지은 시를 훑어보았다. 역시나 제대로 된 것은 하나도
없었다. 그는 그저 술 한 잔 얻어먹으려고 그들 틈에 끼어
앉아 술잔이 건네지기만을 기다렸다. 한참을 기다려도 술

잔은 넘어오지 않고 보잘것없는 시를 가지고 저희끼리 웃고 떠들기만 했다. 슬슬 부아가 치민 김삿갓이 그들의 대화에 끼어들며 한마디 던졌다.

"구상유취로구나."

순간 선비들이 일제히 김삿갓을 노려보았다.

"방금 뭐라 했소?"

선비들 중 인상이 험악한 사람이 금방이라도 쥐어박을 듯이 말했다. 그도 그럴 것이 구상유취(口尙乳臭)라면 젖비린내 나는 어린애들을 가리키는 말이었으니까. 김삿갓은 눈을 지그시 내리깔며 대꾸했다.

"'개 초상에 선비들이 모여 있다(狗喪儒聚)'고 한 것인데, 뭐가 잘못됐소?"

그제야 말뜻을 알아들은 선비들은 고개를 끄덕이며 김삿갓에게 술잔을 건네주었다.

큰마누라 작은마누라

두 여자를 거느리고 사는 사내가 있었다.
그런데 두 여자는 사이가 좋지 않아 매일 눈만 뜨면 으르렁거리며 싸웠다.
그 사이에서 사내는 어떻게 처신해야 좋을지 몰라 늘 고민했다.

강원도의 한 지방을 지나다가 주막에 들른 김삿갓은 본
의 아니게 옆자리 남자들이 술에 취해 하는 말을 엿듣게
되었다.

"정말 고민이야. 이놈의 마누라들이 하루도 빼놓지 않
고 으르렁대니 내가 중간에서 살 수가 있어야지."

지금까지 그들 패거리의 말을 들어본 결과, 그는 만수라
는 서른 줄의 남자였는데, 부인을 둘이나 데리고 사는 행
복한 사내였다.

"이 사람아, 나는 아직 나이 서른이 넘도록 장가도 못 갔
는데 자네는 여자를 둘씩이나 데리고 살면서 매일 만나기

만 하면 그리 호강에 겨운 소리만 지껄이는가?"

"그러게 말이야. 하나가 아니고 둘인데 뭐가 불만인가? 오늘은 큰마누라, 내일은 작은마누라, 이렇게 번갈아 품을 수 있으니 얼마나 큰 복인가 말이야."

만수의 친구들은 불만스럽다는 듯 투덜거렸다.

"그런 소리 말게. 오늘은 어떤 일이 있었는지 들어보면 아마 그런 말은 못 할 걸세."

"무슨 일이 있었다는 건가? 우리가 해답을 줄 테니 한번 말해보게."

김삿갓도 자못 그의 사연이 궁금해져 탁주 한 사발을 들이켠 다음 귀를 기울였다.

만수의 사연은 이러했다.

큰마누라와 작은마누라는 사이가 좋지 않아 하루도 다투지 않는 날이 없었다. 오늘 아침에도 두 여자는 눈을 뜨자마자 마당에서 으르렁대다가 서로 머리채를 잡고 대판 싸움을 벌였다. 만수는 그 꼴을 가만히 보고 있을 수가 없어 싸움을 말리려고 끼어들었으나, 어느 편을 들어야 할지 난감했다. 그래도 누군가 하나는 나무라야겠기에 작은마누라의 머리채를 움켜잡고 방으로 들어가 호통을 쳤다.

"나이도 어린 것이 어디 윗사람한테 대드는 거야! 너 오늘 나한테 죽어봐라!"

작은마누라를 방바닥에 쓰러뜨리고 본격적으로 혼을 내려고 했지만, 옷 틈새로 보이는 탐스러운 가슴 때문에 그러질 못했다. 결국 식전부터 그는 작은 마누라를 껴안게 되었는데, 한바탕 열이 오를 무렵 큰마누라가 방문을 벌컥 열고 들이닥쳤다. 큰마누라는 사내의 등판을 후려치면서 소리쳤다.

"이런 잡것들을 봤나!"

만수는 무안한 얼굴을 한 채 말없이 머리만 긁적댔다. 큰마누라가 다시 소리쳤다.

"이 잡놈아! 그런 식으로 죽이려거든 차라리 나를 죽여, 나를 죽이라고!"

김삿갓은 그 말을 듣자마자 배꼽을 움켜잡고 웃었다.

주막에서

천 리 길을 지팡이 하나에 맡기다 보니
남아 있는 엽전 일곱 냥도 오히려 많구나.
주머니 속 깊이 들어가 있으라고 했건만
석양 주막에서 술을 보았으니 이를 어찌하랴.

千里行裝付一柯 천리행장부일가
余錢七葉尚云多 여전칠엽상운다
囊中戒爾深深在 낭중계이심심재
野店斜陽見酒何 야점사양견주하
艱飲野店 간음야점

●오직 지팡이 하나에만 몸을 의지하고 떠도는 나그네이다 보니
돈은 그리 필요하지 않다. 그러나 어쩌다 엽전이 생겨 잘 간직하
다가 꼭 필요할 때 긴요하게 쓰려 했으나, 날은 기울고 술집까지
목전에 있으니 어떻게 안 쓰고 배길 수 있을 것인가. '주머니 속
깊이 들어가 있으라'고 했다는 표현이 빛난다.

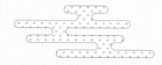

《시경》을 외는 여인

남녀가 꼭 육체로 만나지 않더라도, 정신적 교감으로
더욱 만족스러움을 느낀다면 이보다 더 아름다운 만남은 없을 것이다.

김삿갓이 어느 마을을 지나는데 여인들이 논을 매고 있
었다.

"허, 거참! 남정네들은 다 어디 가고 아낙들만 논에 나
와 일을 하고 있는가?"

여느 농가와 다른 풍경에 호기심이 동한 김삿갓은 쉴
겸 그 자리에 주저앉았다. 그때 논을 매던 여인 하나가 논
둑으로 나와 앉더니, 뭐라고 중얼대기 시작했다. 그는 무
슨 말을 그리도 중얼거리는지 귀를 활짝 열었다. 여인의
입에서 나오는 소리는 뜻밖에도 《시경》 구절이었다. 시골
촌부가 시경을 줄줄 외는 것은 흔치 않은 일이었기에, 그

는 더욱 관심 있게 여인을 쳐다보았다. 그러고 보니 여인
은 얼굴도 고왔다.

　김삿갓은 오랜만에 학식과 미모를 겸비한 여인을 보자
은근히 마음이 움직였다. 그는 여인에게 다가가 시를 읊
으며 여인의 마음을 떠보았다.

　　　그대가 시경을 외우니
　　　나그네는 문득 길을 멈추고
　　　사랑스러운 마음이 일어나네.
　　　빈집에 밤 깊으면 사람들도 모를 터이고
　　　삼경쯤 되면 반달도 지게 될 것이오.

　이 시는 은근히 수작을 거는 내용이었다. 예상대로 여인
은 학식은 뛰어난 터라 김삿갓이 읊은 시의 내용을 대번
에 알아들었다. 짐짓 놀란 기색을 비친 여인이 이내 시 한
수를 지어 응수했다.

　　　길가의 열 사람 눈 가리기 어려우니
　　　마음은 있어도 말을 못 해

무정한 것처럼 보이네.

담 넘어 들어오기는 어려운 일 아니지만

나는 이미 농부와 불경이부를 다짐한 몸이라오.

이미 여인은 남편과 다짐한 불경이부(不更二夫)의 맹세를 저버릴 수 없다는 내용이었다. 즉, 남편과 맺은 혼인의 맹세를 깰 수 없으며 두 명의 지아비를 둘 수는 없다며 김삿갓의 추파를 거절한 것이다.

김삿갓은 여인이 읊은 시를 듣고는 미련 없이 자리에서 일어나 길을 떠났다. 여인의 절개는 물론이고, 그녀의 빼어난 시작(詩作) 솜씨를 그저 마음에 간직해두는 게 더욱 아름다운 추억거리가 될 거라고 생각한 것이다.

수연 축시를 짓다

시 한 수로 사람들을 마음대로 주무를 수 있다는 것은
어지간한 경지에 이르지 않으면 어려운 법이다.
김삿갓의 시에는 기지와 해학이 깃들어 있기에
사람들은 그의 붓끝이 움직이는 대로 춤을 추곤 했다.

땅거미가 질 무렵 고갯길을 넘어온 김삿갓은 저만치에
보이는 오막살이에서 하룻밤 이슬을 피하고자 찾아갔다.
그런데 그 집 주인은 자기 집이 누추하다며 이렇게 일러
주었다.

"저 고개 하나만 넘어가면 김 참봉이라는 노인의 집이
있는데, 바로 오늘이 그의 회갑 잔치를 하는 날이니 그 집
에 가면 진수성찬을 자실 수가 있을 것입니다."

김삿갓은 얼른 그 집으로 달려갔다. 오랫동안 채식만 해
온 터라 푸짐한 술과 고기를 상상하니 입에 군침이 돌았다.

그러나 막상 김 참봉 집에 도착해보니 푸대접이 이만저

만이 아니었다. 김삿갓의 누더기 행색을 본 하인들이 자리를 만들어주기는커녕 아예 거들떠보지도 않았다.

김삿갓은 은근히 부아가 나서 시 한 수를 지어 하인에게 주며 말했다.

"이 시를 주인에게 갖다 드리게."

그 시는 잔칫집에 손님이 찾아왔는데 내쫓는 것은 인사가 아니며 사람답지 못한 일이라는 내용이었다. 김삿갓은 그 시를 전해주고 발길을 돌리려고 했다. 그런데 잠시 후 김 참봉이 몸소 대문 밖까지 뛰어나와 김삿갓을 붙들었다.

"이게 누구십니까? 삿갓 선생 아니시오? 보내주신 시를 보고 혹시나 하여 나왔는데, 역시 삿갓 선생이 틀림없군요. 하인들의 무례를 용서하시고 어서 안으로 드시지요."

이렇게 해서 김삿갓은 주인과 함께 상석에 앉아 음식을 먹게 되었다. 술이 몇 순배 돌자 김 참봉은 아들 일곱 명을 모두 불러 김삿갓에게 일일이 인사를 시켰다.

상석의 손님들 모두 술이 얼근해지자 누군가가 김삿갓에게 오늘의 주인공 김 참봉을 위해 시 한 수 지어줄 것을 청했다. 김삿갓은 귀객 대접을 받으며 고기와 술을 잔뜩 얻어먹은 터라 흔쾌히 붓을 들었다.

저기 앉아 있는 노인은 사람 같지 않구나.

뜻밖에도 김삿갓은 김 참봉을 모욕하는 내용으로 시를 짓기 시작했다. 좌중은 일시에 시끌벅적해졌다. 특히 김 참봉의 일곱 아들은 얼굴을 붉히며 분노했다.

"우리 아버님이 사람 같지 않다니? 그럼 짐승이란 말입니까? 지금 제정신입니까?"

김삿갓은 그런 비난에 아랑곳하지 않고 다음 구절을 쓰기 시작했다.

하늘에서 내려온 신선 같네.

두 번째 구절을 보고 나자 사람들은 혀를 차며 감탄했다. 김 참봉이 사람이 아니고 신선이라며 부추겨주었기에 일곱 아들도 매우 흡족해했다. 김삿갓은 다시 붓을 놀려 세 번째 구절을 써 내려갔다.

슬하의 일곱 형제는 모두 도둑놈일세.

좌중은 다시 한 번 시끌벅적해졌다. 난데없이 일곱 형제를 도둑으로 몰아붙였으니 그럴 만도 했다. 형제들은 이번에도 얼굴을 붉히며 분노의 빛이 역력했으나 아직 마지막 구절이 남아 있었으므로 오히려 김삿갓에게 술을 권하며 아부를 떨었다.

"삿갓 어른, 마지막 구절을 멋지게 장식해주십시오."

"허허, 그럽시다."

김삿갓은 너털웃음을 터뜨린 뒤 마지막 결구를 완성했다.

하늘에서 복숭아를 훔쳐 와 수연(壽宴)상에 올렸구나.

좌중의 사람들은 완성된 결구를 보자 감탄하여 입을 다물지 못했다. 김 참봉과 일곱 아들도 매우 흡족한 표정이었다.

결국 김삿갓은 붓을 놀려 사람들을 마음대로 주무른 격이 되었으며, 그 시 한 수 덕분에 이후 보름 동안 김 참봉집에 머물며 후한 대접을 받았다.

남의 부인을 엿본 죄

김삿갓은 천하의 바람둥이라고 불리기는 했으나, 그렇다고 경우 없이
아무렇게나 바람을 피운 것은 아니다. 시와 예가 갖추어지지 않은 여인은
거들떠보지도 않았다고 하니, 그의 여성관이 어떠했는지 짐작할 만하다.

어느 마을을 지나던 김삿갓은 우연히 담장 너머로 예쁜
여인을 발견하였다. 마루에 서서 먼 산을 바라보고 있는
여인의 모습이 어찌나 아름다운지 김삿갓은 그만 걸음을
멈춘 채 정신을 빼앗기고 말았다.

한참을 여인에게 넋을 빼앗긴 채 서 있는데, 어디선가
자신을 부르는 소리가 아득하게 들려왔다.

"여보시오."

주위를 두리번거리는데 바로 자기 뒤에 웬 사내가 서
있었다. 갓은 쓴 품이 제법 어울리는 것으로 봐서 글줄이
나 읽는 선비 같았다.

"당신이 나를 불렀소?"

김삿갓이 묻자 사내는 어이없다는 표정을 지었다.

"그럼 여기에 당신과 나 말고 또 누가 있소?"

"에헴, 그런데 나를 왜 불렀소?"

"왜 불렀소? 당신 지금 여기서 뭐 하는 거요? 저기 집 안에 서 있는 여자는 내 마누라요. 당신 말이야, 왜 남의 여자를 넘보고 있는 거요? 내 오늘 당신 혼 좀 내야겠어!"

그는 당장 멱살이라도 잡으며 주먹질을 할 기세였다. 김삿갓은 얼른 둘러댔다.

"이보시오, 진정하시오! 댁의 집 담장을 따라 핀 꽃이 하도 곱기에 내 잠시 걸음을 멈추고 감상하고 있던 것뿐이오."

"그 말을 내가 어찌 믿소? 당신은 이 근처 사람이 아닌 것 같은데 어디 사는 누구요?"

"나는 그저 지나가는 과객이오. 시를 읊으며 전국을 유랑하는 사람이라고 알아두면 될 거요."

시를 짓는 사람이라고 하자 사내는 고개를 갸웃거렸다.

"당신이 정말 시를 지을 줄 안단 말이오? 좋소, 내 운을 부를 테니 한번 시를 지어보시오."

김삿갓은 우선 사내에게 남의 여편네나 기웃거리는 좀

팽이로 기억되는 것이 싫었다. 무엇보다 초면에 사람을 얕잡아보는 그의 건방을 납작하게 해줄 심산으로 흔쾌히 그렇겠노라 대답했다. 사내가 첫 운자를 불렀다.

"기역!"

"운자가 한문이 아니고 언문풍월이오?"

"한문이든 언문이든 아무려면 어떻소? 힘들면 좀 더 쉬운 운자로 불러주리까?"

"아니오. 잠시 시간을 주시오."

운자치고는 다소 난해했으나 김삿갓은 속으로 중얼거리며 재빨리 글귀를 생각했다. 일부러 자신을 골려주려고 그런 운자를 내놓았으리라.

"요하패(腰下珮) 기역."

허리에 기역이니 낫을 찼다는 뜻이었다. 사내는 다시 빠르게 운자를 불렀다.

"이응!"

이번에는 김삿갓도 바로 응대했다.

"우비천(牛鼻穿) 이응."

소의 코를 뚫고 이응 자를 달았으니 결국 코뚜레를 달았다는 뜻이었다. 사내는 또 운자를 불렀다.

"리을!"

"귀가수(歸家修) 리을."

리을(ㄹ)은 한자의 '몸 기(己)'로, 즉 집에 가서 자기 몸을 닦으라는 뜻이었다. 사내는 자신이 부르는 운자에 대해 조금도 막힘없이 응대하자 더욱 큰 소리로 다음 자를 외쳤다.

"이번에는 디귿!"

"불연점(不然鮎) 디귿."

불연(不然)이란 '그렇지 않으면'이라는 뜻이고, 디귿 자에 점을 찍으면 망할 망(亡)자이니, 이 말은 곧 '그렇지 않으면 망한다'는 뜻이었다.

지금까지 김삿갓이 지은 글귀를 모아보면 이런 뜻이었다.

네 허리에는 기역 자 낫을 차고
소의 코에는 이응 자 코뚜레를 꿰었구나.
집에 가서 자기 몸이나 수양해라.
그렇지 않으면 망할 것이다.

결국 사내를 모독하는 시였다. 하지만 사내는 그 뜻을

제대로 이해하지 못했다.

"음, 과연 시를 쓰긴 쓰는 자 같구먼. 오늘 당신 운 좋은 줄 아시오."

자신을 모독한 줄도 모른 채 사내는 냅다 자기 집으로 들어갔다.

'휴, 남의 집 처자를 훔쳐보다가 된통 망신을 당할 뻔했구나!'

김삿갓도 얼른 그 집 곁을 벗어났다.

요강

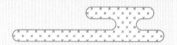

네가 있어 밤중에도 번거롭게 사립문 여닫지 않고
사람과 이웃하여 잠자리 벗이 되었구나.
술 취한 사내도 네 앞에서는 단정히 무릎을 꿇고
아름다운 여인은 널 끼고 앉아 살며시 속옷을 걷네.
단단한 그 모습은 구리산의 형국이고
시원하게 떨어지는 물소리는 비단 폭포를 연상케 하네.
비바람 치는 새벽에 가장 공이 크니
실로 요강은 한가한 성품을 길러주어 사람을 살찌게 하는구나.

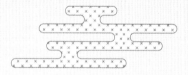

賴渠深夜不煩扉　令作團隣臥處圍
뇌거심야불번비　영작단린와처위

醉客持來端聭膝　態娥挾坐惜衣收
취객지래단담슬　태아협좌석의수

堅剛做體銅山局　灑落傳聲練瀑飛
견강주체동산국　쇄락전성연폭비

最是功多風雨曉　偸閑養性使人肥
최시공다풍우효　투한양성사인비

溺缸
요항

● 당시만 해도 요강 같은 것을 두고 시를 지은 사람은 없었다. 시의 소재나 대상에 얽매이지 않은 김삿갓의 자유분방한 문학관을 엿보게 하는 시다.

따귀에는 따귀로

18

이열치열. 이에는 이, 눈에는 눈, 그리고 따귀에는 따귀로.
못된 졸부와 한통속으로 놀아나는 사또의 뺨을 후려갈긴
김삿갓의 통쾌한 복수였다.

어느 부자 마을을 지나게 된 김삿갓이 못된 졸부가 있
다는 말을 듣고 도대체 얼마나 고약한지 알아보기 위해
그 집으로 찾아가 문을 두드렸다. 그런데 이게 웬걸! 안에
서 집주인이 나오더니 느닷없이 김삿갓에게 따귀를 한 대
올려붙이는 게 아닌가. 집주인은 박 부자라는 아주 고약
한 영감이었다.

"아니, 이런……."

김삿갓은 창졸지간(倉卒之間)에 당한 봉변이라 화가 치밀
었다.

"이런 고얀 영감 같으니라고! 당장 관가로 가자!"

김삿갓은 앞뒤 가릴 것 없이 영감의 멱살을 잡고 관가로 끌고 갔다.

관가에 도착하자 사또가 까닭을 물었다.

"도대체 무슨 일인데 다 늦은 저녁에 이 난리인가? 아니 그대는 박 부자가 아니오?"

사또는 박 부자를 보자 깜짝 놀라 말끝을 흐렸다. 박 부자는 사또와 평소에 형님 아우 하며 지내는 사이였다.

김삿갓은 그것도 모르고 사또에게 조금 전의 상황을 설명했다.

"허어, 그렇소이까? 그럼 이 판결을 어찌하면 좋겠소?"

사또는 김삿갓이 안 보는 사이에 몰래 박 부자에게 눈을 찡긋해 보이며 말했다.

"과거에 아무 이유 없이 뺨을 때린 자를 처리한 선례가 있다면 그대로 처리해주시오."

사또가 말했다.

"과거에도 이런 사례가 있어서 판결한 적이 있었는데 그때는 뺨을 맞은 사람이 가난한 사람이어서 엽전 한 푼을 받는 것으로 끝이 난 적이 있소이다만……."

"뭐요? 엽전 한 푼이라고……."

김삿갓은 너무 기가 막혔다. 엽전 한 푼을 던져주고 이 사건을 종결짓겠다는 심보였다.

"그건 너무 불공평한 판결 아니오?"

"하지만 그때 뺨을 맞은 자는 아주 고마워하며 돌아갔 소이다."

사또는 또다시 박 부자에게 눈을 찡긋해 보였다. 김삿갓 은 그제야 사또와 박 부자 간에 뭔가 연줄이 있음을 눈치 챘다. 하지만 모른 척하고 말했다.

"정 그렇게 판결을 내리겠다면 할 수 없는 일이지……."

김삿갓은 사또가 앉아 있는 마루 위로 천천히 올라갔다. 그러고는 손쓸 틈도 없이 사또의 뺨을 냅다 후려갈겼다.

"아니 이런 고약한 놈이 있나? 감히 사또의 뺨을 치다니!"

사또는 엉겁결에 맞은 뺨을 두 손으로 감싸며 호통을 쳤다.

"사또, 왜 그러시오? 뭐가 잘못되었소이까?"

김삿갓은 태연스레 말했다.

"이놈이 갑자기 머리가 돌았나? 멀쩡한 사람의 뺨을 때 려놓고 뭐가 잘못되었냐고 묻다니?"

사또는 자리를 박차고 일어나 김삿갓에게 주먹을 들이 댈 참이었다.

"허어, 사또 진정하시오. 나는 분명 사또에게 그 따귀 값을 치를 테니까 말이오."

"따귀 값이라니?"

"방금 사또의 입으로 이 고을에서는 따귀 한 대에 겨우 엽전 한 푼이라고 하지 않았소?"

"뭐, 뭐라?"

"내가 이자에게 엽전 한 푼을 받을 게 있으니, 그걸 받아서 가지도록 하시오. 그리되면 계산은 정확하게 된 것 아니오?"

사또는 아무 대꾸도 못 한 채 쩔쩔맬 뿐이었다.

지사를 조롱하다

가소롭구나, 용산에 사는 임처사여
늙은 나이에 어찌 이순풍을 배웠는가.
그대 두 눈으로 산줄기를 꿰뚫어 본다면서
두 다리로 헛되이 골짜기를 헤매고 있네.
환하게 드러난 천문도 모르면서
보이지 않는 땅속 일을 어찌 통달했으리오.
차라리 집에 돌아가 중양주나 마시고
달빛 속에서 취하여 여윈 아내나 안아주시게.

可笑龍山林處士　가소용산임처사

暮年何學李淳風　모년하학이순풍

雙眸能貫千峰脈　쌍모능관천봉맥

兩足徒行万壑空　양족도행만학공

顯顯天文猶未達　현현천문유미달

漠漠地理豈能通　막막지리기능통

不如歸飮重陽酒　불여귀음중양주

醉抱瘦妻明月中　취포수처명월중

嘲地師　조지사

● 천체의 형상조차 모르면서 땅의 이치를 안답시고 명당을 찾아
나선 임처사라는 자를 조롱한 시다.
이순풍(李淳風)은 당나라 사람으로, 천문에 밝았다. 중양이란 음
력 9월 9일의 명절을 말한다.

눈

천황씨가 죽었나 인황씨가 죽었나.
나무와 청산이 모두 상복을 입었구나.
밝은 날에 해가 찾아와 조문한다면
집집마다 처마 끝에서 눈물 뚝뚝 흘리겠네.

家가 明명 万만 天천
家가 日일 樹수 皇황
簷첨 若약 靑청 崩붕
前전 使사 山산 乎호
淚누 陽양 皆개 人인
滴적 來내 被피 皇황
滴적 弔조 服복 崩붕

雪설

● 천황씨와 인황씨는 고대 중국의 전설에 나오는 임금이다. 그 임
금들이 죽어 해가 조문을 오니 눈이 녹아 흐르고, 흐르는 그 물을
눈물에 비유하였다. 절묘한 비유 묘사라 할 만하다.

성공의 지혜

성공의 지름길은 오로지 제대로 된 실력이다. 단순한 말재주나 임기응변으로는 진정한 정상에 올랐다고 할 수 없으며, 반드시 후환이 뒤따른다.

부자일수록 베풀어라

돈이 많고 적음은 단지 조금 편하게 사느냐
불편하게 사느냐의 차이일 뿐이다. 그런데 부자가
남에게 조금 베푼다고 해서 자신의 삶이 특별히 불편해지지는 않는다.

김삿갓이 함경도 지방을 지나는 길이었다.

이미 날이 저물어 그 지방에서 하룻밤을 머물러야 할 상황이 되었다. 그는 지낼 곳을 찾아보다가 문득 이왕이면 이 고을에서 가장 부자라고 소문난 집을 찾아가는 것이 좋겠다고 생각했다.

김삿갓은 사람들에게 수소문하여 이름난 부잣집으로 찾아가 대문을 두드렸다. 그런데 그 부자는 재물은 많았으나 인색하기 짝이 없는 구두쇠였다. 부자는 김삿갓의 행색을 훑어보고는 대뜸 콧방귀를 뀌며 말했다.

"흥, 아직 젊은 사람인데 일은 하지 않고 유람은 무슨 유람이오? 아무튼 내 집에 찾아온 손님이니 문간방에서 하루 머물다 가시오. 하지만 별로 대접할 건 없으니 그리 아시오."

마지못해 김삿갓을 받아준 부자는, 다음 날 아침이 되었지만 정말로 밥 한 그릇 내주질 않았다. 이름난 부자가 끼니때에 밥 한 그릇조차 대접하지 않는다니! 너무도 고약한 인심이라고 생각한 김삿갓은 은근히 부아가 나 한바탕 골려주겠노라 마음먹었다.

이윽고 기회가 왔다. 김삿갓이 돌아가겠다고 인사를 하자 부자가 말했다.

"남의 집에서 하룻밤 묵었으니 그 보답은 해야 할 게 아니오? 유람을 즐긴다고 하니 시구 하나는 잘 지을 것 같구면. 내가 마침 뒤채에 정자를 하나 지었는데 아직 이름을 못 달았으니 하나 지어주고 가시오."

김삿갓은 옳다 싶어 흔쾌히 응낙했다.

"솜씨는 보잘것없지만 하나 지어드리지요. 뭐라고 하면 좋을까…… 옳지, 귀할 귀 자와 아름다울 나 자를 써서 귀나당(貴娜堂)이라고 하면 어떨까요?"

"오, 귀하고 아름다운 집이라? 그거 좋구면. 허허허, 역시 시를 짓는 솜씨가 있구먼."

　김삿갓이 돌아가고 부자는 즉시 귀나당이라는 현판을 만들어 걸었다. 며칠 후 이웃 동네에 사는 친구가 찾아왔다.

　"여보게, 저 현판에 적힌 이름이 어떤가?"

　"귀나당이라…… 누가 지어준 이름인가?"

　"어느 젊은 떠돌이가 우리 집에 머물다 가면서 지어준 것일세."

　"그래? 그럼 그 사람에게 대접은 잘해주었나?"

　"그거야……."

　부자가 말끝을 흐리자 친구는 대번에 상황을 파악하고 말했다.

　"내 그럴 줄 알았네. 대접이 소홀하니까 그 친구가 자넬 골탕 먹인 게로군."

　"골탕을 먹이다니?"

　"저 현판에 적힌 이름을 거꾸로 읽어보게."

　"거꾸로? 당나귀…… 이런!"

　부자는 허겁지겁 달려가 현판을 내렸다.

대나무 시

이대로 저대로 되어가는 대로
바람 치는 대로 물결치는 대로
밥이면 밥 죽이면 죽 이대로 살아가고
옳은 건 옳게 그른 건 그르게 그대로 맡겨두세.
손님 접대는 집안 형편대로 하고
시장에서 장사하는 일은 시세에 맞는 대로
세상 모든 일이 내 마음대로 하는 것만 못하니
그렇고 그런 세상 그런대로 지나가세.

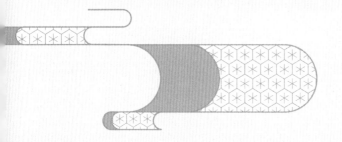

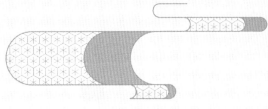

此竹彼竹化去竹 風打之竹浪打竹
차죽피죽화거죽 풍타지죽랑타죽

飯飯粥粥生此竹 是是非非付彼竹
반반죽죽생차죽 시시비비부피죽

賓客接待家勢竹 市井賣買歲月竹
빈객접대가세죽 시정매매세월죽

万事不如吾心竹 然然然世過然竹
만사불여오심죽 연연연세과연죽

竹詩
죽시

● 한자의 훈을 빌어 표현한 재미있는 시다. 此(이 차)+竹(대나무 죽)=이대로, 彼(저 피)+竹=제대로, 化(될 화)+去(갈 거)+竹=되어가는 대로, 風(바람 풍)+打(칠 타)+竹=바람 치는 대로.

실력 없는 의원

성공의 지름길은 오로지 제대로 된 실력이다.
단순한 말재주나 임기응변으로는 진정한 정상에 올랐다고 할 수 없으며,
반드시 후환이 뒤따른다.

어시호라는 마을에 실력 없이 의원 노릇을 하고 있는 영감이 있었다. 미운털이 박힌 만큼 마을 사람 모두가 그 영감을 싫어했다.

하루는 김삿갓이 그 마을의 연회에 참석하였다. 그 자리에서 입심이 좋은 천 서방이라는 젊은이가 의원 영감을 호되게 무안을 주는 장면을 목격하게 되었다.

천 서방은 그날 연회에 느지막하게 참석하였는데, 의원 영감이 나잇값을 하느라고 그를 점잖게 나무랐다.

"자네는 젊은 사람이 왜 그리 시간관념이 없는가?"

천 서방은 속으로 아니꼬워하며 오늘만큼은 저 구렁이

같은 영감탱이에게 꼭 창피를 주겠노라 마음먹었다.

"죄송합니다. 제가 지금 막 염라국에 다녀오느라고 좀 늦었습니다."

기막힌 노릇이 아닐 수 없었다. 그러나 천 서방의 표정이 워낙 진지한 터라 의원 영감은 긴가민가하면서도 다시 물었다.

"그래, 염라국에 갔다가 어떻게 다시 살아서 왔는가?"

"저는 죽은 목숨이라고 포기하고 있었는데, 염라대왕께서 제 죄를 무죄라고 판결하신 덕분에 다시 살아서 왔습니다."

"허어, 거참. 자네는 도둑질을 하는 나쁜 버릇이 있는데 그래도 살아서 왔다니, 그건 뭔가 잘못된 게 아닌가?"

"예, 저는 염라대왕께 이렇게 말씀드렸습니다. 제가 워낙 가난하게 살다 보니 도둑질을 하게 되었는데, 밤이 되면 못된 부잣집을 골라 들어가 물건을 훔쳐 처자식들과 함께 목숨을 연명했다고 말입니다."

"그랬더니 염라대왕께서 뭐라 하시던가?"

"굶어 죽지 않으려고 못된 부잣집의 물건을 나눠 쓴 셈이니 그것은 죄가 아니라고 하셨습니다. 그런데 제 앞에 재판을 받은 사람은 의원이었는데…… 아, 바쁘게 염라국에 다녀오느라고 목이 타니 술 한 잔만 주십시오."

의원 영감은 같은 직업을 가진 의원이 어떤 판결을 받았는지 자못 궁금해져 얼른 술 한 잔을 건네주고는 다그쳐 물었다.

"그래, 의원은 어떤 판결을 받았나? 물론 의원이야 몹쓸 병을 고쳐 사람들을 편안히 해주니 다시 이승으로 돌아가라고 하셨겠지?"

김삿갓은 그 말에 속으로 실소를 터뜨렸다. 젊은이에게 당하고 있는 꼴이 너무 우스워 참기가 힘들었다.

"아닙니다. 염라대왕께서는 의원을 펄펄 끓는 물속에 처넣으라고 하셨습니다."

"아니, 뭐야? 어찌 그런 판결을 내리셨단 말인가?"

"염라대왕께서 말씀하시길, 그동안 병든 인간들에게 수없이 호출장을 보냈건만 한 놈도 오지 않기에 왜 그런가 했더니 바로 의원놈들이 병을 고쳐주었기 때문이라며 크게 진노하셨습니다."

그 대목에서 김삿갓이 슬쩍 끼어들었다.

"허허, 염라대왕께서 의원들 때문에 수입이 줄어들었다

고 생각하신 게군. 참 젊은 사람이 용케도 하늘나라에서 빠져나왔어. 자, 그 기념으로 내 술 한 잔 받게."

천 서방이 김삿갓의 술잔을 받아 마시는 동안 의원 영감은 그제야 지금까지 한 이야기가 자신을 골려주기 위함이었음을 깨닫고 붉으락푸르락 노기를 감추지 못했다.

금강산에 첫발을 내딛다

마음에 물든 것이 없으면 욕계(欲界)도 곧 선경(仙境)이고,
마음에 붙잡히는 데가 있으면 선경도 곧 고해(苦海)가 된다.

김삿갓은 금강산에 첫발을 들여놓자 입이 떡 벌어졌다.
말로만 듣던 천하명산을 눈앞에 두고 보니 그 수려한 경
관에 넋을 잃고 말았던 것이다. 겹겹이 둘러싸인 산세와
손으로 깎아 빚은 듯 기묘한 형상의 빼어난 산봉우리들은
가히 하늘나라 신선들이나 노닐 법하게 보였다.

풍경에 취해 천천히 걸음을 옮기고 있는데 저만치에서
한 스님이 다가오고 있었다. 김삿갓의 눈에 그 스님은 막
금강산 꼭대기에서 내려온 신선처럼 보였다. 가까이에서
보니 스님의 눈빛이 예사롭지가 않았다. 김삿갓은 스님에
게 합장을 한 뒤 말을 건넸다.

"이곳 금강산에는 많은 스님께서 수도를 하신다고 들었습니다. 저는 오늘 처음 금강산에 발을 들여놓았는데, 불자를 뵌 것은 스님이 처음입니다. 혹시 제가 잠시 머물 만한 암자가 있으면 일러주십시오."

스님은 김삿갓을 알고 있었는지 말이 끝나자 답했다.

"혹시 방랑시인 삿갓 선생이 아니시오?"

"예? 저를 아시는지요?"

스님은 가볍게 웃어 보이며 말했다.

"허허허, 이곳 금강산 높은 곳에 있으면 저 밑의 세상이 훤히 다 보인다오."

범상치 않은 말이었다. 속세에서 일어나고 있는 온갖 흉한 일을 훤히 꿰뚫어 보고 있다는 말인 동시에, 이제 신성한 금강산에 들어왔으니 말과 행동을 조신하게 하라는 경고처럼 들렸다.

"선생께선 시를 잘 지으신다고 들었소. 이렇게 금강산에 오셨으니 시 한 수 들어봅시다. 내가 먼저 시를 지을 테니 화답해주시겠소?"

김삿갓은 다소 의외였으나 시라면 마다할 그가 아니었다.

"예, 아직 미천한 글솜씨입니다만, 스님께서 그렇게 해주신다면 제가 응대하겠습니다."

스님이 먼저 읊었다.

백 척 붉은 바위 계수나무 아래 암자가 있으나

찾는 이 없어 오랫동안 사립문을 열지 않았소.

오늘 아침 우연히 시선이 지나가는 것을 보았으니

학을 불러 암자를 보이게 하고 시 한 수를 청하오.

百尺丹岩桂樹下 柴門久不向人開

今朝忽遇詩仙過 喚鶴看庵乞句來

김삿갓은 자신을 시선으로 칭해준 데 대해 몸 둘 바를 몰랐다. 그것도 처음 만난 사이인데 그처럼 과찬을 해주니 정신이 없을 지경이었다. 김삿갓은 생각을 가다듬은 끝에 답시를 읊었다.

우뚝우뚝 뾰족뾰족 기기괴괴한 가운데

인선(人仙)과 신불(神佛)이 함께 엉겼소.

평생 금강산을 위해 시를 아껴왔건만

금강산에 와보니 감히 시를 지을 수가 없소.

<ruby>轟<rt>축</rt></ruby><ruby>轟<rt>축</rt></ruby><ruby>尖<rt>첨</rt></ruby><ruby>尖<rt>첨</rt></ruby><ruby>怪<rt>괴</rt></ruby><ruby>怪<rt>괴</rt></ruby><ruby>奇<rt>기</rt></ruby> <ruby>人<rt>인</rt></ruby><ruby>仙<rt>선</rt></ruby><ruby>神<rt>신</rt></ruby><ruby>佛<rt>불</rt></ruby><ruby>共<rt>공</rt></ruby><ruby>堪<rt>감</rt></ruby><ruby>凝<rt>응</rt></ruby>

<ruby>平<rt>평</rt></ruby><ruby>生<rt>생</rt></ruby><ruby>時<rt>시</rt></ruby><ruby>爲<rt>위</rt></ruby><ruby>金<rt>김</rt></ruby><ruby>剛<rt>강</rt></ruby><ruby>惜<rt>석</rt></ruby> <ruby>詩<rt>시</rt></ruby><ruby>到<rt>도</rt></ruby><ruby>金<rt>금</rt></ruby><ruby>剛<rt>강</rt></ruby><ruby>不<rt>불</rt></ruby><ruby>敢<rt>감</rt></ruby><ruby>詩<rt>시</rt></ruby>

금강산이 얼마나 아름다웠으면 시에 일가견이 있다고 자부하는 천하의 김삿갓마저도 글로 표현하는 일을 뒤로 미루었을까.

저절로 나오는 노래

쓸쓸한 겨울 소나무 외딴 주막에
내 한가로이 누웠으니 별세상 사람일세.
산골짝 가까이 온 구름과 함께 노닐고
개울가에 임하였으니 산새와 벗이 되네.
하찮은 세상일로 어찌 내 뜻을 거칠게 하랴.
시와 술로써 나 스스로를 즐겁게 하리라.
달이 뜨면 너그러이 옛 생각도 하며
유유히 단꿈을 자주 꾸리라.

寒松孤店裡　高臥別區人
한송고점리　고와별구인

近峽雲同樂　臨溪鳥與隣
근협운동락　임계조여린

輜銖寧荒志　詩酒自娛身
치수녕황지　시주자오신

得月卽帶憶　悠悠甘夢頻
득월즉대억　유유감몽빈

自詠
자영

● 험한 세속에 물들지 않고 시와 술로써 근심을 잊으며 자연과 더불어 살아가는 풍류객의 모습을 노래했다.

작은 생명도 소중하게

순리와 상식에 맞게, 그리고 마음을 바르게 가지고 노력하다 보면
성공은 저절로 이루어진다.
순리를 거스르고 억지를 부려 성공한 것은 사상누각에 불과하다.

마땅히 잘 곳을 찾지 못한 김삿갓이 연자방앗간에서 잠을 자고 밖으로 나왔다. 이른 아침이라 오가는 사람들은 아무도 없었다. 그런데 방앗간 앞에 있는 큰 기와집에서 어린아이 하나가 나오는 게 보였다. 김삿갓은 아이에게 다가가 말했다.

"허어, 고 녀석. 똘똘하게 생겼구나. 그런데 이리도 이른 아침에 어찌 밖에 나왔느냐?"

묻는 말에 대답은 하지 않은 채 아이는 손에 쥐고 있던 구슬을 가지고 노느라 여념이 없었다. 그러다가 별안간 울상이 되어 징징거리기 시작했다.

"내 구슬, 내 구슬……."

아이는 안 되겠는지, 냉큼 대문 안으로 뛰어 들어갔다.

김삿갓은 아이가 잃어버린 구슬을 찾으려고 주위를 두리번거렸으나 쉽게 눈에 띄지 않았다. 조금 있자니 아이의 집 대문에서 이번에는 거위 한 마리가 뒤뚱거리며 나왔다.

"아니, 저, 저놈이……."

가만히 보니 거위가 구슬을 집어삼키는 것이 아닌가. 그리고 얼마 지나지 않아 아이의 집에서 주인 여자가 뛰어나오며 호들갑스럽게 소리쳤다.

"아이고, 내가 아끼는 진주가 없어졌네!"

그 소리를 듣자 김삿갓의 뇌리를 퍼뜩 스치는 것이 있었다. 아이가 가지고 놀던 그 구슬이 바로 방금 거위가 삼킨 진주였던 것이다.

곧 아이가 다시 나오자 여자는 손가락으로 김삿갓을 가리키며 아이에게 물었다.

"이 아저씨가 훔쳐 간 게 분명하단 말이지?"

기가 막힐 노릇이었다. 여자는 증거도 없으면서 김삿갓에게 진주를 내놓으라고 다그쳤다. 김삿갓은 그저 잠자코 있었다. 이런 상황에서는 변명을 해도 믿을 리가 없었기 때문이다.

이번에는 그 집에서 주인 남자가 나오더니 김삿갓을 나무에 묶어놓겠다고 으름장을 놓았다. 일이 그쯤 되면 당장 거위의 배를 갈라 무죄를 증명해 보이면 될 터였지만 김삿갓은 그렇게 하지 않았다.

'비록 미물이라 해도 생명은 소중한 것이다. 내가 조금만 고생하면 소중한 목숨 하나를 건질 수 있지 않은가.'

결국 김삿갓은 나무에 묶일 처지가 되었다.

"어서 저 도둑놈을 나무에 묶고 관가에 가서 알려라."

주인 남자가 하인들에게 일렀다. 일이 자꾸 꼬이자 김삿갓이 주인 남자에게 말했다.

"나는 절대 진주를 훔치지 않았소. 하지만 당신이 정 나를 나무에 묶을 생각이면 저 거위도 내 옆에 함께 묶어주시오."

주인 남자는 이상한 생각이 들었지만 김삿갓의 말대로 거위 또한 기둥에 묶었다.

"이제 몇 시간만 지나면 내가 진주를 훔쳐 가지 않았다는 사실이 밝혀질 것이오."

김삿갓은 주인 남자에게 그 말만 남기고 몇 시간을 나무에 묶여 있었다. 그렇게 몇 시간이 흘렀다.

"진주를 찾았습니다!"

하인들이 외치자 주인 남자가 뛰어나왔다. 진주는 거위가 싸놓은 똥 속에 들어 있었다. 주인 남자는 당장 김삿갓을 풀어주고 용서를 구했다.

"제가 너무 경솔했습니다. 들어가셔서 약주라도 한잔하시지요."

김삿갓은 남자의 제안을 거절하며 말했다.

"나는 저 거위가 진주를 삼키는 것을 보았소."

"그런데 왜 그렇다고 말씀을 안 하셨습니까?"

"그렇게 말하면 당신은 분명 저 거위의 배를 갈랐을 게 아니오? 하지만 저 거위는 앞으로 몇 년은 더 살 수 있을 듯하여 내가 입을 다물고 있었던 것이오. 아무리 하찮은 짐승이라도 생명을 함부로 다루면 반드시 그 대가를 치르게 된다는 것을 명심하시오."

그 말만 남기고 김삿갓은 발길을 돌렸다.

김 진사의 엽전 두 푼

돈만 벌기 위해 전념하는 사람은 왠지 사람 냄새가 덜 난다.
돈 벌기 위해 애쓰는 것이 나쁘다는 말이 아니라,
재물과 인덕을 겸비하는 일이 쉽지 않다는 말이다.

전북 옥구 땅을 지나던 김삿갓이 그 고을에서 가장 큰 기와집이 눈에 띄기에 하룻밤 묵으려고 찾아갔다.

그 집 주인은 김 진사였는데, 그는 자수성가하여 많은 돈을 모은 사람이었다. 그는 부자이긴 했으나 어려서 공부할 기회를 얻지 못해 학문에는 까막눈이나 다름없었다. 그래서 몇 해 전부터 천자문을 읽기 시작하여 명심보감, 소학을 거쳐 지금은 사서삼경 중에서 《맹자》를 읽고 있는 중이었다. 어려서부터 순전히 자기 힘으로 돈도 벌고, 모든 일을 혼자 처리하는 게 몸에 밴 인물이라 독학 또한 어렵지는 않았다.

그런데 자수성가한 사람들이 그렇듯, 김 진사에게는 친구나 지인이 별로 없었다. 사람들은 그를 수전노라고 비웃기까지 했다. 혼자 매사를 판단하고 행동하다 보니 남이 보기에 따라서는 노랑이라는 말을 들을 법도 했다.

물론 김삿갓이 김 진사의 그런 내력을 알고 찾아간 것은 아니다. 그처럼 큰 집에 사는 사람이 한 끼니 먹여주고 재워줄 인심이 없겠냐 싶어서 별생각 없이 문을 두드린 것이다.

그러나 김삿갓의 예상은 빗나가고 말았다. 생각과 달리 김 진사는 속이 좁고 편협한 생각에 얽매인 인물이었다. 김삿갓이 하룻밤 묵게 해달라고 하자 김 진사는 대뜸 말했다.

"내가 왜 당신에게 먹을 것과 잠자리를 제공해야 하오? 나는 그 까닭을 모르겠소. 지금까지 나는 엄청난 고생과 노력을 쏟아부어서 이 집을 마련했소. 그러나 당신은 예나 지금이나 나를 위해 도움을 준 게 없지 않소? 만약 있다면 말해보시오."

그렇게 묻는 데야 딱히 대꾸할 말이 없었다. 또한 그의 말도 구구절절 옳았다. 하지만 김삿갓이 가만히 생각해보니 뭔가 중요한 것이 하나 빠졌다는 생각이 들었다. 그것이 뭘까 잠시 골똘히 생각해보니 그것은 다름 아닌 인정이었다. 사람들끼리 살아가면서 서로 주고받는 정, 그에게는 그것이 부족했던 것이다.

그러나 김 진사는 경우마저 없는 사람은 아니어서 김삿갓을 자기 집에서 재워주지 않는 대신 돈 두 푼을 주며 저녁 요기나 하고 다른 곳에 가서 잠자리를 알아보라고 했다. 결국 보기 좋게 문전박대를 당한 셈이었다.

김삿갓이 보기에 김 진사는 자수성가하여 성공은 했으나, 그 대신 사람 냄새를 잃어버린 것 같아 안타까운 생각이 들었다. 김삿갓은 김 진사가 준 두 푼을 한 손에 쥔 채 시 한 수를 지었다.

옥구 사는 김 진사가
내게 돈 두 푼 던져주었네.
한 번 죽어 없어지면 이런 꼴 안 보련만
육신이 살아 있어 평생 한이 되네.

김삿갓은 이 시를 지어 어떻게 할까 망설이다가 김 진

사 집 대문에다 붙이고는 발길을 돌렸다. 그때였다. 한순간 김 진사가 헐레벌떡 뛰어와 김삿갓의 소매를 잡아끌었다.

"삿갓 선생, 제가 잠시 사람을 잘못 본 것 같습니다. 이름난 시인을 못 알아뵙고 무례를 범해 죄송합니다. 어서 저희 집으로 가시지요. 술과 고기를 준비하라고 일렀습니다."

김 진사는 깍듯하게 절을 한 뒤 자기 집에서 며칠 묵으며 시를 가르쳐달라고 간청했다. 김삿갓은 그 모습이 꽤 절실해 보여 나직이 중얼거렸다.

"이제야 좀 사람 냄새가 나는 것 같군⋯⋯."

"예?"

김 진사가 그 소리를 알아들었는지 눈을 동그랗게 뜨며 물었다.

"아니올시다. 정 그러시다면 신세 좀 지겠습니다."

김삿갓은 마지못해 끌려가는 척하면서 발길을 돌렸다. 김 진사라는 사람도 심성은 좋은데 워낙 일찍부터 고생을 많이 해온 터라 대인관계에 문제가 있을 뿐이었다. 김삿갓은 처음부터 그 점을 간파했으므로 그의 청에 응했던 것이다.

산을 구경하다

게으른 말을 타야 산 구경하기가 좋아
채찍 거두고 천천히 가네.
바위 사이로 겨우 길 하나 있고
연기 나는 곳에 두세 집이 보이네.
꽃 색깔 고우니 봄이 왔음을 알겠고
시냇물 소리 귀에 울리니 비가 왔나 보네.
멍하니 서서 돌아갈 생각도 잊었는데
하인은 해가 지고 있다 말하네.

倦馬看山好　執鞭故不加
岩間繞一路　煙處或三家
花色春來矣　溪聲雨過耶
渾忘吾歸去　奴日夕陽斜

看山

●주마간산(走馬看山)은 말을 타고 빠르게 지나가며 산 경치를 구경하는 것을 이르는 말인데, 이를 빗대어 권마간산(捲馬看山)이라 했다. 즉, 게으른 말을 타고 경치를 구경해야 좋지 않겠느냐고 비유한 것이다.

못된 아들 길들이기

아무리 못된 자식이라도 아버지가 먼저 고개를 숙이고 나오면
이를 내칠 망나니는 없을 것이다.
때로는 매보다도 따뜻한 애정을 앞세워야 한다.

김삿갓이 어느 마을을 지나다가 성품이 고결하고 학식
이 높은 선비가 있다기에 하룻밤 묵고자 찾아갔다.

그 집에 가보니 과연 주인은 정좌를 한 채 책을 읽고 있
었다. 얼굴 생김새도 한눈에 고결한 기운이 감도는 것을
엿볼 수 있었다. 그런데 선비와 이야기를 나누다 보니 하
나밖에 없는 그 집 아들이 아버지와는 달리 주색에 빠져
방탕한 생활을 하고 있음을 알게 되었다.

하지만 너무 귀하게 얻은 아들이라 싫은 내색도 하지
못하고 애지중지 감싸고만 돈다는 것이었다. 김삿갓은 그
말을 듣고 발끈해서 한마디 했다.

"저런, 천하에 고얀 녀석이 있나. 자식을 그렇게 키워서는 안 됩니다. 그처럼 망나니짓만 하고 자란다면 나중에 뭐가 되겠습니까?"

"그야 그렇지만……."

선비는 아들을 그렇게 키워서는 안 된다는 사실은 잘 알고 있으면서도 손이 귀한 가문의 외동아들이라는 점 때문에 매 한번 들지 않은 터였다.

"매를 들지 않고도 아드님의 고약한 버릇을 고쳐줄 방법을 알려드린다면 그대로 해보시겠습니까?"

"그런 방법만 있다면 무슨 짓이라도 하겠습니다. 아들의 버릇만 고칠 수 있다면 아들 앞에 엎드려 절이라도 하겠습니다.

"아들한테 절을 할 수야 없는 일이지요. 이렇게 해보십시오."

김삿갓은 선비에게 아들의 버릇을 고칠 방법을 자세히 일러주었다.

이튿날, 망나니 아들은 여느 때처럼 해가 중천에 뜰 때까지 늘어지게 자고 일어나서는 점심을 먹고 외출할 차비를 하였다. 선비는 김삿갓이 일러준 대로 아들을 불러 돈 열 냥을 주며 말했다.

"친구들하고 어울리면서 기죽지 말고 술값도 네가 내도록 해라."

아들은 다른 날과 달리 돈까지 쥐어주며 술을 먹으라고 하는 아버지가 조금은 이상했지만 별다른 생각 없이 집을 나섰다.

이윽고 날이 어두워지자 선비는 갓끈까지 갖춘 정중한 차림으로 마당에 서서 아들을 기다렸다. 얼마나 지났을까. 선비의 어깨에 밤이슬이 내려앉아 옷깃이 축축해질 무렵에야 술에 취한 아들이 비틀거리며 대문을 열고 들어섰다. 선비는 얼른 아들 앞으로 다가가 정중하게 허리를 숙이며 말했다.

"어서 오십시오."

얼떨결에 아버지의 인사를 받은 아들은 술이 확 깼다.

"아버님, 왜 이러십니까?"

선비는 여전히 다소곳한 자세로 말했다.

"무릇 자식이 아비의 말을 듣지 않으면 내 집안의 사람이라고 할 수가 없는 법입니다. 그렇게 되면 자식이 아니라 내 집에 들어온 손님이나 마찬가지가 되지요. 내 집에 찾아온 손님은 정중하게 맞이하는 것이 예로부터 전해오

는 예법인즉, 지금 저는 아들을 맞이하는 것이 아니라 손
님을 맞고 있는 것입니다."

　이 일이 있은 뒤, 아들은 술을 끊고 학문에 정진했다.

돈

천하를 두루 돌아다녀도 어디서나 환영받는 너.
나라와 집안을 흥성케 하니 그 세력이 가볍지 않구나.
갔다가 다시 오고 왔다가는 또 가며
살리고 죽이는 것도 마음대로 하네.

去復還來來復去 거복환래래복거
周遊天下皆歡迎 주유천하개환영
生能死捨死能生 생능사사사능생
興國興家勢不輕 흥국흥가세불경

錢 전

● 예나 지금이나 사람을 죽이고 살리고 하는 게 돈인 모양이다.

물에 빠진 구두쇠 영감

사람이 죽을 때 돈까지 꿰차고 갈 수는 없다.
그런데 물에 빠져 죽게 된 상황에서도 사례금은 줄 수 없으니
그런 줄 알고 살려달라고 애원하는 구두쇠 영감이 있었다.

경상도 지방을 유랑하던 김삿갓이 어느 마을에 들어갔는데, 그곳에는 지독한 노랑이 영감이 하나 있었다. 그 영감은 열서너 살부터 장사를 시작해 수십 년 동안 먹지도 입지도 않고 오로지 돈만 모아 지금은 거부가 되었다.

마을 사람들에게 들은 바로, 그 영감은 목숨과 돈 중에 어느 것을 선택하겠느냐고 하면 서슴없이 돈을 거머쥘 위인이라는 것이다. 물론 농담이지만 누가 영감의 이마에 못을 박아 넣어도 아프다는 말 대신 "오, 쇠붙이를 얻게 됐으니 이게 웬 횡재냐!" 하며 오히려 좋아할 사람이라는 것이다.

아무리 돈이 좋기로서니 자기 목숨이 끊어질지도 모르는 상황에서 그런 말을 한다는 걸 보면 그 영감이 얼마나 구두쇠인지는 짐작이 가고도 남는 일이었다.

　김삿갓은 구두쇠 영감을 한번 만나보았으면 좋겠다 싶었는데, 마침 영감이 볼일이 있어 강 건넛마을로 간다는 사실을 알게 되었다. 김삿갓은 일찌감치 나루터로 가 영감을 기다렸다.

　그런데 어찌 된 일인지 사람들이 모두 배에 오를 때까지 구두쇠 영감은 나타나지 않는 것이었다.

　'무슨 일이 생겨 외출을 하지 않은 모양이군.'

　김삿갓은 돌아가려다가 혹시나 하여 사람 하나를 붙잡고 물어보았다.

　"혹시 구두쇠 영감님이 저 배에 타셨소?"

　"예, 저기 다 떨어진 갓을 쓰고 있는 노인이 바로 구두쇠 영감이오."

　김삿갓이 배에 탄 사람들을 잘 들여다보니 과연 거지 행색이나 다름없는 노인 하나가 배 가장자리에 앉아 있었다. 영감의 행색은 말 그대로 거지 차림이었다. 김삿갓 자신도 입성이 거지와 다를 바 없었으나, 그보다도 영감이 더하면 더했지 나은 게 없었다.

'아무리 구두쇠라고 해도 명색이 거부라는 사람이 저토록 거지꼴을 하고 있다니! 상상조차 하지 못했어.'

김삿갓은 서둘러 배에 올라 영감의 옆에 앉았다. 천천히 배가 떠나기 시작할 즈음, 김삿갓은 슬며시 영감에게 말을 붙였다.

"영감님, 어디 가시는 길입니까?"

영감은 김삿갓을 슬쩍 흘겨보더니 "강 건너" 하고 짧게 대답했다.

"강 건너에 무슨 볼일이 있습니까?"

그러나 한참을 기다려도 영감은 대답하지 않았다. 하도 대답이 없기에 김삿갓은 다그치듯 몇 차례 더 질문을 던졌다. 하지만 영감은 갑자기 벙어리가 되었는지 입을 열지 않았다. 그때 옆에 있던 사내가 딱하다는 듯 혀를 차며 김삿갓에게 말했다.

"쯧쯧, 헛고생이오. 저 영감님은 이제 한마디도 안 할 거요."

"아니 왜 말씀을 안 하신단 말입니까?"

"말을 하면 그만큼 힘을 쓰게 되잖소? 그러면 배도 쉬고파지고…… 무슨 말인지 알아듣겠소?"

김삿갓은 그제야 영감이 입을 다물고 있는 이유를 알 것 같았다. 쓸데없는 데 기운을 쓰지 않겠다는 뜻이었다. 그런 노랑이가 있다는 말을 듣긴 했으나 그저 웃어보자고 지어낸 소리인 줄 알았더니 바로 옆에 그런 이가 있었던 것이다.

그런데 배가 중류쯤에 이르자 문제가 발생했다. 구두쇠 영감이 자리를 옮기려다가 기우뚱하더니 그만 물에 빠지고 만 것이었다. 헤엄을 못 치는 영감은 두 팔을 허우적거리며 몸부림을 쳤다. 하지만 영감을 구하려는 사람이 아무도 없었다. 그도 그럴 것이 영감은 이렇게 외치고 있었다.

"나를 건져줘도 사례금은 한 푼도 못 주네. 그런 줄 알고 나 좀 살려주게. 아이고, 사람 죽네!"

행복의 지혜

친구와 마주 앉아 밤새 술을 마시며 이야기를 나눈다. 친구와 술, 그리고 시 말고 다른 무엇이 또 필요하단 말인가.

청산으로 날아간 매

자연에서 얻은 건 자연으로 돌아가도록 놓아두는 것이 순리다.
사람이 불행해지는 까닭은 자연의 이치와 순리를 거스르고
자신의 이익을 취하려고 하기 때문이다.

하루는 김삿갓이 사또 일행을 따라 꿩 사냥을 나서게
되었다. 그는 본시 사냥을 즐기지 않았으나 사또가 꼭 자
신과 동행해야 한다며 간청해서 할 수 없이 함께 따라나
선 것이다. 사또는 김삿갓의 시 짓는 솜씨에 반해 있던 터
였다. 사또 역시 사냥은 둘째였고 흰 눈이 덮인 산과 들의
운치를 즐기며 그에게 시나 한 수 얻어들을 심산이 더 컸다.

사냥에는 꿩잡이에 능한 포졸 여럿이 따라붙었고, 거기
다가 일 년 동안이나 길들인 매도 데리고 나갔다. 그 매는
사또가 거금 이백 냥을 주고 사서 애지중지 아끼는 사냥
매였다.

드디어 사냥이 시작되었고, 눈 덮인 들에서 꿩 한 마리가 날아가는 게 보였다. 포졸들은 재빨리 매를 풀어 꿩을 쫓게 했다.

사나운 매를 본 꿩은 더 이상 도망갈 생각을 하지 못하고, 갑자기 땅을 향해 곤두박질치더니 눈 속에 머리를 처박고 꼼짝하지 않았다. 원래 꿩은 머리만 숨기면 자기 몸을 전부 숨겼다고 생각하는 아둔한 날짐승이었다.

이제 꿩은 다 잡은 것이나 마찬가지였다. 그런데 이상한 일이 벌어졌다. 눈 속에 머리를 박고 죽은 듯이 있는 꿩을 물어 오는 일만 남은 매가 하강하다 말고 갑자기 방향을 틀더니 하늘로 솟구쳐 올랐던 것이다. 그러더니 조금 지나자 아예 머리를 돌려 멀리 숲속으로 사라져버렸다.

"아니, 저게 도대체 어찌 된 일이냐?"

처음부터 사냥 현장을 지켜보고 있던 사또는 깜짝 놀라 포졸들에게 소리쳐 물었다. 그러나 포졸들이라고 그 까닭을 알 리가 없었다.

숲속으로 사라진 매는 영영 나오지 않았다. 사또는 몹시 화를 내며 애꿎은 포졸들만 다그쳤다.

"사냥 훈련을 어떻게 시켰기에 매가 저 모양이 되었느

냐? 관아로 돌아가면 내 너희를 엄히 다스릴 것이다."

가만히 지켜보고 있던 김삿갓이 나서서 나직이 말했다.

"사또, 노여움을 푸십시오. 제가 보기에는 그리 큰일도 아닌 듯싶습니다."

"그건 그대가 몰라서 하는 소리요. 내가 저 매를 얼마나 공들여 키워왔는데……."

"제가 시를 한 수 지어 올릴 테니 고정하십시오."

김삿갓은 시를 읊기 시작했다.

청산에서 얻어 청산에서 잃었으니

청산에게 물어볼 일, 청산이 대답하지 않거든

청산에게 죄가 있으니 청산을 잡아 대령하렷다.

시가 마무리되자 사또는 무릎을 탁 치며 호탕하게 웃었다.

"하하하! 그러고 보니 옳은 말이구려. 어찌 생각해보면 제 고향을 찾아 날아간 것인데 속 좁게도 그걸 이해하지 못했구려."

김삿갓의 시 덕분에 사또는 노여움을 풀었고, 바싹 웅크린 포졸들도 그제야 안도의 한숨을 내쉬었다.

배 속에 퍼지는 봄빛

봄날, 화전 부치는 냄새를 맡고 '한 해의 봄빛이 뱃속에 퍼지는구나'라는
시구를 즉석에서 지어낼 자는 그리 많지 않다. 그만큼 감성이 순수하고
자연에 가까이 다가가 있기에 그런 노래를 부를 수 있는 것이다.

경상도 지방을 유람하던 김삿갓이 통영 지방을 지나고
있었다. 때는 화사한 봄날이라 온천지에 봄기운이 완연하
여 걸음걸이도 날아갈 듯 가벼웠다.

통영의 당동에는 충무공 이순신 장군을 모신 사당이 있
었다. 이 사당의 앞뜰에는 선비들이 학동들을 가르치기
위해 아담한 초당을 지었는데 호상재라고 불렸다.

그 호상재에 선비들이 모여 사회를 열고 있었는데, 그때
마침 김삿갓이 그곳을 지나가게 되었다. 호상재 마당에서
는 봄꽃으로 화전을 부치는 냄새가 가득했다.

잔뜩 허기진 채 걷고 있던 김삿갓이 그 냄새를 그냥 지

나칠 리 없었다. 코끝을 간질이는 고소한 기름 냄새에 정신이 몽롱해질 정도였다. 김삿갓이 호상재 안을 기웃거리다가 들어서자 한 선비가 나무라듯 말했다.

"여기는 선비들이 모여 시를 읊는 곳이네. 자네 같은 일개 동이 올 곳은 아니야. 썩 나가게!"

하지만 이미 기름 냄새에 흠뻑 취한 김삿갓이 순순히 물러날 리 없었다.

"나는 이미 혼인을 한 몸이고 아이까지 딸려 있으니 아이 동(童) 자는 빼주시구려."

김삿갓의 언변이 만만찮아 보였는지 말을 붙인 선비가 주춤했다가 다시 입을 열었다.

"그래 무슨 일이오?"

"나는 그저 길 가던 나그네인데, 배가 몹시 고프던 차에 이곳을 지나다가 화전 부치는 냄새가 진동해 염치 불고하고 잠시 들른 것이오. 너무 탓하지 마시구려."

"알겠소. 하지만 이곳에서는 글을 지어야만 술과 화전을 맛볼 수 있소."

"아, 그렇소? 그럼 나는 글은 잘 모르고 그저 입으로만 시를 하나 낭송할 테니 받아 적어보시구려."

작은 시냇가에 솥을 걸어놓고

흰 가루 푸른 기름으로 두견을 익히는구나.

두 젓가락으로 집어 드니 향기가 입안에 가득하고

한 해의 봄빛이 배 속에 퍼지누나.

김삿갓이 시를 낭송하니 그것을 받아 적은 선비가 다시 읽어보고는 깜짝 놀랐다.

"오, 봄빛이 배 속에 퍼진다는 표현은 가히 명문 아닌가."

호상재에 모인 선비들은 그 구절에서 모두 감탄을 자아냈다.

"저, 혹시 존함이 어떻게 되시는지요?"

한 선비가 김삿갓의 이름을 물었으나 그는 대답 대신 삿갓을 가리키며 유유히 호상재 문을 나섰다. 이미 술 몇 잔에 화전을 먹고 난 뒤였다. 술과 음식에 더 욕심을 부리지 않고, 요기를 면한 것만으로도 김삿갓은 행복했다.

"아니, 그럼 저분이 바로 삿갓 선생이란 말인가? 그렇다면 이렇게 대접을 초라하게 해선 안 되지. 어서 선생을 다시 모셔오세."

모두가 허둥지둥 호상재 문밖으로 몰려나갔으나, 김삿갓의 자취는 그림자도 보이지 않았다.

경치를 즐기다

한 걸음 두 걸음 세 걸음 걷다가 서보니
산은 푸르고 바윗돌 흰데 틈틈이 꽃이 피었네.
만약 화공에게 이 경치를 그리라고 한다면
숲속의 새소리는 어떻게 그릴까.

基_기於_어林_림下_하鳥_조聲_성何_하
若_약使_사畵_화工_공模_모此_차景_경
山_산青_청石_석白_백間_간間_간花_화
一_일步_보二_이步_보三_삼步_보立_립

賞_상景_경

● 제아무리 뛰어난 화가라 해도 아름다운 새소리를 어떻게 그릴 수
있단 말인가. 그만큼 형용할 수 없는 아름다운 자연을 노래했다.

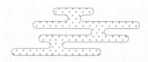

양반과 재물

양반이지만 가난하고, 넉넉하지만 집안이 미천한 두 집안이 합치면
여러 면에서 조화로울 것이라고 김삿갓은 생각했다.
당시로서는 상당히 합리적이고 진보적인 생각이었다.

김삿갓은 몸소 혼인을 성사시킨 적도 있었다.

어느 마을에 들렀을 때의 일이다. 마을의 청년과 처녀가 서로 사랑하기는 하지만 양가 부모의 뜻이 맞지 않아 결혼하지 못하고 있었다. 청년의 집은 부유했으나 가문이 미천하고, 처녀의 집은 가난했으나 양반의 집안이었다.

청년의 아버지는 김삿갓에게 도움을 청했다.

"도무지 최 진사 댁에 찾아가서 혼례 이야기를 꺼낼 엄두가 나지 않습니다. 우리 아들놈이 그 댁 규수와 혼인을 올리기만 한다면 우리 집안의 경사일 텐데 말입니다. 무슨 방법이 없겠습니까?"

김삿갓은 망설이지 않고 대답했다.

"그게 뭐가 어렵습니까?"

"아닙니다. 최 진사가 비록 가난하기는 해도 뼈대 있는 양반 가문이라 집안 법도가 엄해서 접근하기가 쉽지 않습니다."

하지만 김삿갓의 생각은 달랐다. 처녀 총각이 좋아하고 있는데 양반 상놈을 따질 일이 뭐가 있느냐는 게 그의 생각이었다.

"며칠 후면 최진사가 회갑을 맞이한다고 들었는데, 우선 그 집에 선물할 송아지 한 마리를 준비하시오."

"송아지야 열 마리라도 준비할 수 있으나, 그러면 오히려 깐깐한 최 진사의 역정을 살 수도 있을 텐데요."

"허어, 거참 말이 많소이다. 그렇게 소심해서야 어찌 아들 장가를 보낼 수 있겠소이까? 아무리 꼿꼿한 양반이라도 굶고 살 수야 없는 일이 아니오."

"그럼 송아지 한 마리만 준비하면 되겠습니까?"

"그렇소. 내가 다 알아서 할 테니 오늘은 이만 잠이나 푹 잡시다."

이튿날, 김삿갓은 청년의 아버지와 함께 최 진사 집으로 찾아갔다.

"제가 오늘은 중신아비로 진사 어른을 찾아뵈었습니다."

물론 최 진사의 태도는 처음부터 뻣뻣했다.

"나는 그 문제에는 큰 관심이 없소이다."

김삿갓은 우선 최진사의 심중을 흔들어놓을 심산으로 넌지시 이야기를 꺼냈다.

"지금 밖에 조 부자가 몰고 오신 송아지 한 마리가 있습니다. 며칠 후에 있을 진사 어른의 회갑 잔치에 쓰시라고 말입니다."

최 진사는 송아지라는 말에 귀가 뜨이는지 쪽문을 열어 마당을 내다보았다. 그랬더니 송아지 정도가 아니라 집채만 한 황소가 떡 버티고 있었다.

그때 재빨리 청년의 아버지가 끼어들었다.

"변변치 않습니다만, 긴요하게 써주셨으면 합니다. 평소 진사 어른을 존경해오고 있었으나 마땅히 나설 기회를 얻지 못하다가 오늘 이런 자리에서 뵙게 되어 영광입니다."

청년의 아버지는 김삿갓이 시킨 대로 한껏 자신을 낮추었다.

"험, 뭐 저런 것을 다 가지고 오셨소……."

일단 송아지 한 마리로 최 진사의 마음이 조금 움직이고 있었다.

"하나 말씀드리자면, 제가 알기로 여기 조 부자도 예전에는 양반 가문이셨습니다."

"그게 정말이오? 나는 그런 소리는 처음 듣소만……."

"세조 때 우의정을 지낸 조영무라는 분이 계셨는데, 조 부자 어른이 그분의 이십 대손입니다."

물론 거짓말이었다.

"오, 그렇소? 그런데 그걸 어떻게 믿을 수 있소?"

"여기 《양반전》이라는 책이 있는데 한번 읽어보시지요."

"허, 그런 책도 있소이까?"

최 진사는 김삿갓이 내민 양반전을 읽어 내려갔다. 책을 다 읽고는 최 진사가 말했다.

"음, 양반을 팔았다……."

김삿갓이 그때를 놓치지 않고 말했다.

"바로 여기 조 부자 어른의 오 대조께서도 양반을 팔아 자셨는데, 그 까닭은 그 책에 나와 있는 대로입니다. 즉, 그분께서는 생활이 매우 빈곤하셨으나 현명함이 이를 데 없어 새로 부임해오는 사또마다 그분의 오막살이로 찾아와 고개 숙여 인사를 올렸답니다. 하지만 아무리 명민하더라도 당장 끼니를 때울 곡식이 없어 굶어 죽는다면 그 명민함이 무슨 소용이겠습니까?"

"음, 그래서 양반을 팔았다는 말이군."

"예, 그렇습니다. 그때부터 여기 조 부자도 뼈대는 양반이나 겉으로는 평민 행세를 할 수밖에 없었던 것입니다. 하지만 지금 조 부자는 그동안 악착같이 번 돈으로 서당을 짓고 마을 향약에도 많은 돈을 기부하는 등 자선사업을 하고 계십니다. 그런 일은 무식한 상놈들이라면 감히 할 수 없는 일이 아니겠습니까?"

"듣고 보니 그렇군요."

사실 아무리 명문가의 후예라도 최 진사 자신은 지금 몰락한 양반으로 아무런 힘을 쓰고 있지 못하니 명예 따위가 무슨 소용이란 말인가. 조 부자는 비록 평민이기는 하나 그 대신 돈이 많지 않은가. 그래서 김삿갓은 그 두 집안이 결합하면 훌륭한 조화를 이루겠다고 생각하여 중매에 나섰던 것이다.

결국 두 집안은 사돈지간이 되었다. 이로써 조 부자는 명예를 얻었고, 최 진사는 풍요로움을 얻게 되었다.

'적'자의 의미

처녀를 짝사랑하던 청년이 수십 번의 서신을 띄운 끝에
마침내 답장을 받아냈으나, 그 뜻을 알 길이 없었다.
서신에는 '적(籍)' 자 한 글자만 적혀 있었다.

한 청년이 이웃 마을의 처녀를 몹시 사모하고 있었다.
그는 자나 깨나 오로지 그녀 생각 때문에 아무런 일도 할
수 없을 정도였다. 하지만 쉽게 다가갈 수 없었다.

그는 궁리한 끝에 서신을 띄우기 시작했다. 물론 처녀로
부터 덥석 답장이 올 리 없었다. 하지만 그는 포기하지 않
고 열 번, 스무 번, 줄기차게 서신을 보내고 또 보냈다.

그러던 어느 날, 지성이면 감천이라고 마침내 처녀로부
터 답장이 왔다. 그는 뛸 듯이 기뻤으나 한 가지 문제가 있
었다. 답장이 오긴 왔는데, 도무지 그 내용을 알아먹을 수
가 없었던 것이다. 서신에는 오로지 '적(籍)'이라는 글자만

적혀 있었다. 서적을 뜻하는 글자이므로 책을 많이 읽고 오라는 것인지, 자신에게 책을 선물하면 만나주겠다는 것인지 도무지 알 길이 없었다.

그래서 청년은 서신을 들고 김삿갓을 찾아왔다.

"선생님께서는 학식이 높으시니, 이 서신을 해독해주실 수 있으리라 믿습니다. 제발 이 서신의 내용이 무엇인지 알려주십시오."

청년은 간곡히 청했으나, 아무리 천하의 김삿갓이라도 그 뜻을 한눈에 알아볼 수는 없었다.

며칠 뒤 김삿갓은 청년을 불러 말했다.

"마침내 이 서신에 숨어 있는 내용을 알아냈네. 그런데 그 내용을 알려주기 전에 한 가지 알아볼 게 있네."

"예, 무엇이든 물어보십시오."

청년은 서신에 담긴 뜻을 알아냈다는 말에 뛸 듯이 기뻐했다.

"이 마을에 혹시 대나무밭이 있는가?"

"예, 한 군데 있기는 합니다."

"그곳이 어디인가?"

"제가 사모하는 처자의 집 뒤쪽 동산에 있습니다."

"오, 그런가? 그렇다면 내가 풀어낸 뜻이 확실하구먼."

"무슨 내용인지 어서 알려주십시오."

"허허, 이 사람 몸이 달았구먼."

왜 안 그렇겠는가. 그토록 사모하는 임으로부터 귀하디 귀한 답장이 왔으나 며칠이 지나도록 그 뜻도 모르고 있으니, 오죽 답답하까.

"자, 내가 말해줄 테니 잘 듣게."

청년은 눈을 초롱초롱 뜬 채 김삿갓의 입만 쳐다보았다.

"이 서신에 써 있는 적(籍) 자를 분해해서 각기 해석을 해보면 그 뜻을 알 수 있다네."

즉, 적(籍) 자는 대나무 죽(竹), 올 래(來), 이십(卄), 일(一), 일(日)이라는 글자로 분해할 수 있고, 각기 그 뜻을 새겨 합쳐보면 '대나무밭으로 스무하룻날에 오라'는 내용이었다.

마침내 서신의 사연을 알게 된 청년은 김삿갓에게 연거푸 감사의 인사를 올렸다.

지독한 건망증에 걸린 사내

사람이 살면서 사람 구실을 제대로 하고 산다는 게
얼마나 행복한 일인가.

  강원도의 어느 마을을 지나던 김삿갓은 사람들이 모여
깔깔대는 것을 보고 걸음을 멈췄다.

  "무엇이 그렇게 재미있어서 웃고 있는 것이오?"

  사내 하나가 나서서 대답했다.

  "저기 걸어가는 젊은 친구 때문에 웃고 있소이다."

  사내가 가리킨 곳을 보았더니 젊은이 하나가 한 손에
담뱃대를 쥔 채 걸어가고 있었다. 얼핏 보기에는 보통 사
람 같아 사내에게 다시 물었다.

  "저 친구는 멀쩡한 것 같은데 뭐가 우습다는 거요?"

  "겉보기에는 멀쩡하지만 가까이 가서 보면 뭔가 다른

것이 있을 거요. 하하하!"

김삿갓이 젊은이에게 가까이 다가가 보았다. 그랬더니 과연 보통 사람과는 확실히 다른 면이 있었다.

그는 건망증이 몹시 심한 젊은이였다.

사람은 누구나 걸어가면서 손을 앞뒤로 흔들기 마련이었다.

그런데 그 젊은이는 그 사실조차 까먹을 정도였다.

젊은이는 조금 걸어가다가 담뱃대가 보이지 않으면 깜짝 놀라 이렇게 말했다.

"어라? 금방 내 손에 있던 담뱃대가 어디 갔지?"

눈앞에 있던 담뱃대가 보이지 않으니 그로서는 큰 걱정이 아닐 수 없었다. 하지만 잠시 후 담뱃대가 앞으로 쑥 나오면 안심하면서 이렇게 중얼거렸다.

"오라, 여기 있었구나."

그러나 이내 담뱃대가 또 눈에 띄지 않으면 "어? 담뱃대가 또 없어졌네" 하고 걱정을 했고, 담뱃대가 앞으로 쑥 나오면 "오, 여기 있었군" 하며 안도했다.

젊은이는 팔을 앞뒤로 흔들면서 '내 담뱃대?'와 '아하, 여기 있구나'를 반복하며 마치 다람쥐 쳇바퀴 돌듯 온종

일 동네를 휘저으며 다닌다는 것이었다.

알고 보니 그 젊은이는 어려서 보약을 잘못 먹어 머리에 이상이 생긴 것이었다. 어찌 보면 그 젊은이는 평생 남의 웃음거리가 되어 일생을 마칠지도 모를 일이었다. 그렇게 생각하니 김삿갓은 웃음보다는 측은한 마음이 들었다.

"그러니 평생 사람 구실 제대로 하면서 산다는 게 얼마나 행복한 일인가……."

김삿갓은 나직이 중얼거리며 길을 떠났다.

부부싸움 말리기

31

'부부싸움은 칼로 물 베기'라는 말은 그만큼 싱겁다는 뜻이다.
부부가 싸움을 그치지 못하는 것은 각자의 명분이 없기 때문이다.
뚜렷한 명분만 생긴다면 싸움은 그 자리에서 끝난다.

김삿갓이 금강산 근처의 어느 마을을 지나던 중이었다.
갖가지 잡화를 파는 어느 상점 앞에 사람들이 모여 웅성
거리고 있었다. 무슨 일인가 싶어 가까이 가보니 상점 주
인 내외가 서로 심하게 다투고 있는 게 아닌가. 다투는 정
도가 보통이 넘었는데, 서로 이놈 저년 쌍소리를 입에 담
아가며 격렬하였다.

보다 못한 노인 하나가 나서서 싸움을 말리려고 들었다.

"여보시오, 이제 그만두시오. 그 정도 했으면 됐으니 이
제 그만 싸움을 그치고 물건이나 팔아요."

그러나 노인의 말은 귓등으로도 듣지 않고 오히려 남편

이라는 사람이 버럭 소리를 지르며 대들었다.

"이놈의 영감탱이가 뭘 안다고 남의 싸움에 끼어들어!"

그러고는 다시 자기 부인의 머리채를 움켜쥐고 흔들었다.

"이년아! 아직도 네가 잘했다고 우기는데, 그래 어디 오늘 한번 내 손에 죽어봐라."

남편은 억센 팔로 부인의 머리채를 쥐고 흔들더니 멀찌감치 내동댕이쳤다.

"아이고, 나 죽네! 저 염병할 놈이 사람 죽이네. 오냐, 오늘 너 죽고 나 죽자!"

부인도 질세라 악을 쓰며 남편한테 대들었다. 두 부부의 기세로 보아서는 도무지 싸움이 끝날 것 같지 않았다.

김삿갓은 더 이상 부부의 싸움을 두고 볼 수가 없어서 한 가지 꾀를 냈다. 그는 부부의 상점으로 들어가 여러 물건을 꺼내 하나씩 밖으로 내던지며 말했다.

"여러분, 어서 이 물건들을 가져가시오. 물론 돈은 안 내도 되니 어서 주워 가시오."

일순간 사람들이 몰려들어 이것저것 집어 들었다. 그 광경을 보자 상점 주인 부부는 크게 놀라 싸움을 그쳤다. 남편은 눈이 휘둥그레져서 김삿갓에게 달려들었다.

"이봐, 당신이 뭔데 남의 물건을 가지고 함부로 퍼주는 거야?"

김삿갓이 태연자약하게 대답했다.

"이보시오. 당신은 마누라를 죽인다고 하지 않았소. 마누라를 죽이면 당신도 관가에 끌려가 곧 죽을 게 아니오. 그러면 결국 이 상점은 주인 없는 집이 될 텐데, 미리 물건 좀 나누어주었기로서니 뭐가 잘못됐단 말이오?"

그 말에 상점 주인 부부는 할 말을 잃었다. 그렇게 죽일 듯이 치고받던 부부의 싸움이 한순간 간단히 끝난 것이다.

부부싸움은 칼로 물 베기라는 말이 있듯이 싱겁기 짝이 없는 싸움이다. 아무리 격렬히 싸우더라도 앞의 경우처럼 둘이 마음을 합쳐 공격할 대상이 생기면 금세 싸움을 그친다. 결국 부부가 싸움을 그치지 못하는 것은 각자의 명분이 없기 때문이다. 뚜렷한 명분만 생긴다면 싸움은 그 자리에서 끝난다. 김삿갓은 그러한 사람 마음을 꿰뚫어 보고 지혜를 발휘한 것이다.

안경

강호에 사람이 늙어 갈매기처럼 희어졌는데
검은 알에 흰 테 안경을 쓰니 소 한 마리 값이구나.
고리눈은 장비와 같아 촉나라 범이 웅크려 앉았고
겹 눈동자는 항우와 같으니 목욕한 초나라 원숭이 꼴이구나.
얼핏 보면 알이 번쩍여 울타리를 빠져나가는 사슴 같은데
노인은 시경의 관저편을 열심히 읽고 있네.
소년은 일도 없이 멋으로 안경 쓴 채
당나귀 거꾸로 타고 봄 언덕을 당당히 넘어가네.

江湖白首老如鷗　鶴膝烏精價易牛
강호백수노여구　학슬오정가역우

環若張飛蹲蜀虎　瞳成項羽沐荊猴
환약장비준촉호　동성항우목형후

嫛疑濯濯穿籬鹿　快讀關關在渚鳩
삽의탁탁천리록　쾌독관관재저구

少年多事懸風眼　春陌堂堂倒紫騮　眼鏡
소년다사현풍안　춘맥당당도자류　안경

●각 행의 끝에 모두 동물 이름을 썼다. 갈매기 구(鷗) 소 우(牛),
범 호(虎), 원숭이 후(猴), 사슴 록(鹿), 비둘기 구(鳩), 눈 안(眼),
당나귀 류(騮).

죽 한 그릇

배움이 많든 적든 그것은 그리 중요한 게 아니다.
많이 배운 자는 그 배움을 가난하고 약한 자들을 위해 쓰고,
못 배운 자는 항시 겸허하고 순수하게 살아간다면
누가 더 낫고 못남이 없을 것이다.

김삿갓은 나흘 동안 굶은 몸을 이끌고 인가를 찾아 헤맸으나 가도 가도 깊은 산중이었다. 도무지 인가가 눈에 띄지 않았다. 오죽하면 눈에 헛것이 보이기 일쑤였는데, 저 멀리 초가집에서 굴뚝 연기가 모락모락 피어나는 게 보인다 싶어 힘을 내서 달려가 보면 쓰러진 고목이 우뚝 서 있고, 밥 짓는 냄새가 난다 싶어 뛰어가자면 어느 짐승의 배설물만 널브러져 있을 뿐이었다.

'이러다간 아무도 없는 산중에서 꼼짝없이 죽고 말겠구나.'

하지만 아무리 나흘째 끼니를 걸렀어도 정신만은 놓아서는 안 된다고 생각했다. 쓰러지면 그곳이 곧 무덤이 되

고 말리라는 생각에 모진 마음을 먹고 힘겹게 걸음을 옮겼다.

얼마나 걸었을까. 굶은 지 닷새째로 접어드는 밤이었다. 역시 사람이 죽으라는 법은 없었다. 험준한 산세가 눈앞에 떡 버티고 있는 저만치쯤에 희미하게나마 사람이 움직이는 게 보였다.

김삿갓은 혹시 저 움직이는 물체가 사람이 아니고 맹수일지도 모른다고 생각했으나, 이제는 더 피할 수조차 없는 지경이었다. 사람이면 먹을 것을 청하고, 맹수라면 마지막 힘을 쏟아 혈투를 벌여서라도 기필코 그놈의 고기를 먹겠노라 각오를 다졌다.

다가가보니 다행히도 그 물체는 사람이었다.

"여보시오, 나 좀 살려주시오."

김삿갓은 숨이 잦아드는 여린 소리로 그 사람에게 말했다. 그 사람은 김삿갓과 엇비슷한 연배의 사내였는데, 한 껏 나무를 해서 지게에 지고 가는 중이었다.

김삿갓은 사내를 보자 비로소 살았다는 생각에 긴장이 풀렸는지 그만 실신하고 말았다. 사내는 깜짝 놀라 지고 있던 지게를 비워버리고 대신 김삿갓을 실어 집으로 돌아왔다.

"이제 정신이 좀 드십니까?"

김삿갓이 깨어났을 때는 이튿날 아침이었다. 사내는 밤새 김삿갓을 간호하느라 두 눈이 퀭해지고 얼굴도 매우 수척해져 있었다.

"여기가 어딥니까?"

"여긴 저희 집이니 안심하십시오."

김삿갓의 눈앞에는 정신을 잃기 전에 마지막으로 본 그 얼굴이 다가와 있었다. 그는 그제야 자신이 죽지 않고 살아 있다는 사실을 깨달았다.

정신을 차리고 한나절을 누워 몸을 추스르고 나니 이제 다시 잊고 있었던 시장기가 느껴졌다. 김삿갓은 목숨을 살려준 은혜도 갚기 전에 염치 불고하고 사내에게 부탁의 말을 건넸다.

"내가 곡기를 끊은 지가 오늘로 엿새가 된 것 같습니다. 미안하지만 먹을 것을 좀 주시겠습니까?"

"아, 이런 정신머리하고는…… 간호를 한답시고 식사 올리는 걸 깜빡 잊고 있었군요. 잠시만 기다리십시오. 금방 상을 차려 올리겠습니다."

사내는 순박하기가 이를 데 없었다. 마치 자기 형제의 병간호를 하듯 정성이 지극했다.

잠시 후, 사내의 아내가 상을 차려 들고 들어왔다. 그런데 상에는 멀건 죽 한 그릇만 달랑 놓여 있었다. 그것을 보자 사내는 몸 둘 바를 몰라 하며 쩔쩔맸다.

"기운을 차리시려면 쌀밥에 고기를 드셔야 하는데 저희가 가진 것이 워낙 없어서 대접이 말이 아닙니다. 용서하십시오……."

그 말에 김삿갓은 눈물이 핑 돌았다. 이 얼마나 순수하고 진실한 마음인가.

"아닙니다. 오랫동안 곡기를 끊어온지라 지금 쌀밥을 먹으면 창자가 놀라서 곧 탈이 나고 말 것입니다. 오히려 지금은 죽이 안성맞춤입니다. 두루 제 형편을 헤아려 대접해주시니 제가 오히려 고맙습니다."

김삿갓은 감사한 마음으로 죽을 달게 먹고 나서 사내에게 말했다.

"저 역시 가진 것이 없는 사람이다 보니 은혜를 갚을 길을 찾지 못하겠습니다. 그저 가진 거라고는 쥐꼬리만 한 글재주뿐이니 답례로 시 한 수 지어드리겠습니다."

그러고는 이내 시를 지어 사내에게 주었다.

　　네 다리 소반 위에 멀건 죽 한 그릇.

　　하늘에 뜬 구름 그림자가 그 속에서 함께 떠도네.

　　주인이여, 면목 없다 말하지 마오.

　　나는 물속에 비치는 청산을 좋아한다오.

　　四脚松盤粥一器 天光雲影共排徊

　　主人莫道無顏色 吾愛靑山倒水來

　　하지만 시를 받아든 사내는 머뭇거리며 어쩔 줄을 몰라
했다. 그의 아내 역시 안절부절못하며 공연히 발을 굴렀
다. 김삿갓이 의아해서 까닭을 물어보니 사내가 마지못해
대답했다.

　　"실은 저희가 배우지 못해 글을 읽을 줄 모른답니다. 이
렇게 귀한 선물을 주셨는데 저희가 알아먹지를 못하니 너
무 죄송할 따름입니다."

　　'아, 이렇게 순박할 수가…….'

　　김삿갓은 그들의 겸허한 마음에 고개를 숙였다.

그들 부부야말로 이 세상에 아무것도 부러울 게 없이 살아가는 사람들이라는 생각이 들었다. 쌀밥에 고깃국도, 명예와 권위 따위도 그들 앞에서는 한낱 보잘것없는 미물이요, 뜬구름 같은 것이었다.

그들은 죽 한 그릇으로도 충분히 행복할 수 있는 사람들이었다.

안락하지 않은 안락성

작고 좁은 길에서는 한 걸음 멈추어 남을 먼저 가도록 하고,
맛있는 음식은 조금 덜어서 다른 사람도 즐기게 하는 것!
이것이 바로 세상을 가장 안락하게 살아가는 방법이다.

안락성(安樂城)이라는 곳을 지나게 된 김삿갓은 자못 기
대에 차 있었다. 지명이 안락(安樂)이라는 것이 흥미로웠
기 때문이다. 얼마나 평안한 고을이면 지명까지 안락성이
라고 했을까.

과연 이 고을 사람들 대부분이 윤택한 생활을 하는지
집들이 모두 번듯했다. 궁기라곤 전혀 느껴지지 않는 정
경이었다.

마을 초입에 들어서니 커다란 느티나무가 버티고 서 있
었다. 마침 그 나무 아래에서는 갓을 쓴 여섯 명의 선비가
빙 둘러앉아 시를 나누고 있었다. 김삿갓이 다가가 선비

들의 시를 들어보니 형편없는 수준이었다. 김삿갓이 그들에게 슬쩍 말을 건넸다.

"지나가던 과객인데 오늘 이 고을에서 하룻밤 신세를 질 곳이 있을까요?"

그러자 그들은 하나같이 김삿갓을 위아래로 훑어보면서 초라한 행색에 이맛살을 찌푸렸다.

"지나가던 중이었다면 그냥 계속 지나갈 일이지, 왜 하필 우리 마을에서 머물려고 하오? 아직 해가 좀 남았으니 저 너머 마을로 가보시오."

인색하기 짝이 없는 말투였다. 김삿갓은 그 말을 듣고 왠지 불길한 예감이 들었다.

'마을 입구에 저런 돼먹지 않은 자들이 모여 앉아 시 같지도 않은 시나 나불대고 있는 걸 보면 이 마을에서 머물기란 쉽지 않겠군.'

김삿갓은 그들에게서 숙소를 구하는 일은 깨끗이 단념하고 마을 안으로 들어가 주막을 찾았다. 주막에는 밤이 이슥해서인지 한량들로 꽉 차 있었다.

"주모, 하룻밤 머물다 갈 수 있겠소?"

하지만 주모는 눈코 뜰 새 없이 바쁜 터라 대꾸할 생각도 하지 않았다. 김삿갓은 다시 한 번 주모를 불러 하룻밤 머물다 갈 수 있느냐고 청했다. 그러자 주모는 흘깃 김삿 갓을 훑어보더니 제 할 일을 하면서 시큰둥하게 말했다.

"바빠 죽겠는데 웬 비렁뱅이가 와서 설치누. 자고 가려 면 돈부터 내슈. 하룻밤에 다섯 냥이우."

당연히 김삿갓의 수중에는 돈이 없었다.

"나는 지나가는 과객인데 수중에 돈이 한 푼도 없구려. 남는 방이 있거든 하룻밤만 재워주시구려."

주모가 대뜸 소리를 버럭 질렀다.

"돈도 없다면서 왜 이리 사람을 귀찮게 하는 거유? 바빠 죽겠는데…… 정 방이 필요하면 저기 빈방이 있으니 거기 서 좀 쉬다 가슈."

주모가 가리킨 곳을 보니 그야말로 초라한 골방이었다. 김삿갓은 어쩔 수 없이 그 방으로 들어갔다. 문풍지도 제 대로 붙어 있지 않아 바람이 솔솔 들어왔다.

시간이 꽤 흘렀는데도 주모는 밥상을 가져다줄 생각을 하지 않았다. 차라리 주모를 불러다가 한번 호되게 면박 을 주고 방앗간 같은 곳으로 가 잠을 잘까 하는 생각도 없 지는 않았다. 하지만 심히 스산한 가을밤이었다. 한뎃잠

을 자다가 병이라도 들면 큰일이다 싶어 꾹 참고 냉기가
스미는 구들장에 몸을 뉘었다. 뚫린 문풍지 사이로 가을
밤의 싸늘한 보름달이 보였다. 그 달을 바라보고 있노라
니 처량하기가 이를 데 없었다.

 아침이 되어 저절로 시 한 수가 읊어졌다.

> 안락성 안에 날이 저무는데
> 못난 것들은 모여 앉아 어설픈 시를 짓고 있네.
> 마을 인심이 고약해 나그네를 위해 밥 짓기는 미루고
> 주막 풍속까지 야박해 돈부터 달라고 하네.
> 허기진 배에선 천둥소리 자주 들리고
> 여기저기 뚫린 창문에선 냉기만 스미는구나.
> 긴 밤 지새우고 아침이 되어서야 강산의 정기 한 번 마셨으니
> 이것은 벽곡의 신선이 되려는 시험이던가.

 벽곡(辟穀)이란 신선이 되기 위해 곡식을 먹지 않고 수련
하는 것을 가리킨다. 안락성에서 안락하지 않은 밤을 보
낸 소감을 읊은 시다.

친구가 있는 겨울밤

친구와 마주 앉아 밤새 술을 마시며 이야기를 나눈다.
친구와 술, 그리고 시 말고 다른 무엇이 또 필요하단 말인가.

눈 내리는 겨울밤에 김삿갓이 친구의 집을 찾아갔다. 대문이 열려 있어 안으로 들어가 친구를 불렀다.

"여보게, 집에 있는가?"

그런데 친구의 목소리가 이내 들려오지 않았다. 대문 옆에 있는 사랑방 쪽으로 가보니 쪽마루 밑에 눈에 익은 노인의 신발과 아이의 신발 하나가 놓여 있었다. 이웃집 노인과 손자가 함께 놀러 온 모양이었다. 김삿갓은 다시 한번 사랑방을 향해 목소리를 높여 말했다.

"안에 있는가? 내가 왔네."

안에서는 도란도란 이야기 나누는 소리가 들리건만 여

전히 친구의 대답은 들려오지 않았다. 마침 방문의 창호지가 조금 찢긴 흔적이 있어 안을 들여다보니 김삿갓이 짐작한 대로 친구와 이웃집 노인, 그리고 노인의 손자가 아랫목에 모여 앉아 이야기를 나누고 있었다. 김삿갓은 자신이 부르는 소리를 친구가 못 들었는가 싶어 "안에 있으면서 왜 대답이 없나?" 하며 방문을 열고 들어가려고 했다.

그런데 웬일인지 방문이 잠겨 있었다. 김삿갓은 방문을 흔들며 다시 소리쳤다.

"여보게, 문 좀 열게. 내가 왔다니까?"

그제야 친구의 목소리가 들렸다.

"아, 병연이 왔는가? 오늘은 이 방에 들어오려면 시험을 통과해야 하네."

전에 없던 일이었다. 아마도 친구의 장난기가 발동한 모양이었다.

"허어, 이 사람. 그래, 무슨 시험을 준비했나?"

"자네에게 시험할 것이 시 말고 또 뭐가 있겠나? 오늘은 그 방문을 보고 시를 하나 지어보게."

"시의 제목이 방문이란 말이지. 그럼 기왕이면 운자도 부르게."

보통 사람 같으면 방문이라는 제목에 맞춰 시를 지으려 해도 오랫동안 시상을 가다듬어야 할 판인데 김삿갓은 거기다가 운자까지 불러달라는 것이었다.

"역시 자네답구만. 음, 그럼 운자는 파촉 파(巴)와 긁을 파(爬) 자를 넣어 지어보게."

운자가 주어지자 김삿갓은 단숨에 시를 읊기 시작했다.

십(十) 자가 서로 연해 있고 구(口) 자가 횡으로 이어졌는데
사이사이 험난한 길 있어 파촉(巴蜀) 가는 골짜기 같네.
이웃집 노인은 수월하게 고개 숙인 채 들어오지만
어린애는 열기 어렵다고 손가락으로 긁어대는구나.

십 자 상 연 구 자 횡 　 간 간 잔 도 협 여 파
十字相連口字橫 間間棧道峽如巴

인 옹 순 숙 저 수 입 　 치 자 난 개 거 수 파
隣翁順熟低首入 稚子難開舉手爬

첫째 구절은 한옥의 방문살을 보고 형상화한 것이고, 둘째 구절은 방문에 바른 창호지가 찢어진 것에 착안하여 지은 것이었다.

김삿갓 특유의 기지와 해학이 빛나는 시였다. 김삿갓이

시를 읊자 친구는 두말하지 않고 방문을 열어주었다.

"역시 자네는 천재일세. 누가 자네의 시를 따라잡을 수 있겠는가? 어서 들어오게."

그리고 두 친구는 노인과 손자가 돌아가자 술상을 마주했다.

눈 내리는 겨울, 밤이 깊어갈수록 쌓이는 눈은 더욱 소복해지고 두 사람의 이야기는 그칠 줄 모르고 이어졌다.

장기

술친구나 글친구가 의기투합하면
방 한가운데 앉아 전쟁판을 벌이네.
포가 날아오면 군세가 굳세지고
사나운 상이 웅크리고 앉으면 진세가 웅장해지네.
쏜살같이 달리는 차가 졸을 먼저 따먹자
옆으로 달리는 날쌘 말은 궁을 엿보네.
병졸들이 거의 다 없어지고 연거푸 장군을 부르자
겨우 남은 두 사가 견디지 못하고 손을 드네.

酒老詩豪意氣同 戰場方設一棠中
飛包越處軍威壯 猛象蹲前陳勢雄
直走輕車先犯卒 橫行駿馬每窺宮
殘兵散盡連呼將 二士難存一局空

博

● 친구들이 방 안에 앉아 장기 두는 모습을 현장 중계처럼 생생하게 읊었다. 포(包), 상(象), 차(車), 마(馬)의 활약을 절묘하게 묘사했다.

허풍쟁이 남녀의 만남

아무리 뛰어난 남녀라도 배우자를 잘못 만나면 천하의 바보가 될 수 있고,
제아무리 천치라 해도 배우자를 잘 만나면 군자가 될 수 있다.

나이 서른이 차도록 장가를 못 간 사내가 있었다. 김삿
갓이 그 연유를 알아보니 그는 살림이 가난한 데다가 성
격이 워낙 괄괄하고 허풍이 세서 사람들에게 인심을 잃었
기에 그를 거들떠보는 여자가 없었다.

또한 오바위라는 이름도 마음에 안 든다고 하여 자기 마
음대로 오만석으로 바꿔버렸다. 그러고는 이름을 그렇게
바꿨으니 머지않아 부자가 될 거라고 허풍을 치며 다녔다.

"나는 오만석이라고 하오. 내가 듣기에 당신은 재주가
비상하다고 하는데 나 장가 좀 보내주시오."

당돌하고 거만하기 이를 데 없는 말투였다. 김삿갓은 그

냥 외면할까 하다가 생각을 바꿨다. 이전에 마을 사람들에게 이 사내의 본성은 착한데 워낙 허풍이 세다는 말을 들었기 때문이다.

"좋소. 그럼 내가 중신아비 노릇을 한번 해보겠소."

그는 그 길로 이웃 마을의 향단이라는 여자를 찾아갔다.

향단은 결혼한 적이 있는 과부였다. 젊은 나이에 남편을 잃고 혼자 되었으나 인물도 그만하면 준수하고 무엇보다 생활력이 강해서 그냥 혼자 몸으로 있기에는 아까운 여자였다. 김삿갓은 일전에 이 마을을 지나가다 향단을 알게 되었던 것인데, 언젠가는 꼭 짝을 찾아주겠노라 생각하던 차였다. 그런데 마침 오만석이 중매 운운하는 것을 들으니 저절로 향단이의 얼굴이 떠오른 것이다. 나이도 엇비슷하고, 향단이 또한 드센 남자를 휘어잡는 비법을 나름대로 터득하고 있어서 앞으로 두 사람이 마음만 잘 맞춰 살면 남부럽지 않은 한 쌍이 될 거라고 생각했다.

김삿갓이 향단을 만나 오만석에 대해 이모저모 들려주자 그녀도 호감을 표시했다. 엄밀히 따지면 과부와 총각의 혼사였기 때문에 향단 쪽이 기우는 경우였다. 김삿갓은 향단에게 결혼하기 전까지는 처녀인 척 행동하라며 그 방법을 일일이 알려주었다. 그런 다음 오만석에게 찾아가 좋은 처녀가 나타났으니 한번 만나보라고 일렀다.

"한평생 자네가 먹을 것을 가지고 온다고 하니 조건도 좋지 않은가?"

김삿갓은 한껏 오만석의 기대를 부풀려놓았다.

'이제야 장가를 가게 되었구나!'

오만석은 한달음에 달려가 선을 보았고 마침내 결혼식을 올렸다.

그런데 알고 보니 향단이는 과부인 데다가 평생 먹을 것을 갖고 온다더니 빈털터리로 시집을 온 게 아닌가. 오만석은 김삿갓에게 달려와 따졌다.

"이래 봬도 나는 총각인데 어떻게 과부와 짝을 지어줄 수가 있소? 게다가 평생 먹을 것을 갖고 온다더니 알거지인 채로 나한테 왔으니 어떻게 된 거요?"

김삿갓은 태연하게 말했다.

"그건 처음부터 자네가 과부인지 아닌지를 묻지 않았기 때문에 굳이 나도 밝히지 않은 것뿐이고, 또한 분명히 그 여자 입을 통해 자네가 평생 먹을 수 있는 것을 가져갈 거라고 들었기에 전해준 건데 아직 그 보따리를 풀지 않았나? 그럼 오늘 저녁에 그 보따리를 풀라고 말해주지."

이윽고 저녁이 되었다.

"당신이 분명 시집올 때 한평생 먹을 것을 가져온다고
하지 않았소? 그러니 당장 가져온 보따리를 풀어보시오."

향단은 그제야 때가 되었구나 싶어 장 속 깊은 곳에서
보따리 하나를 꺼냈다. 오만석은 기대에 찬 눈으로 보따
리를 쳐다보았다. 그 보따리에는 분명 값비싼 금은보화가
잔뜩 들어 있을 것이라 믿었다. 하지만 오만석의 그런 기
대는 이내 산산조각이 나고 말았다. 보따리에는 긴 담뱃
대 하나만 달랑 들어 있었기 때문이다.

"아니, 이건 장죽 아니오? 이걸로 어떻게 내가 평생 먹
고살 수 있단 말이오?"

열을 내며 따지는 오만석에게 향단이 대답했다.

"이 장죽 하나만 가지면 담배를 평생 먹고살 수 있을 겁
니다."

오만석은 아차 싶었다. 겨우 장죽 하나 가져오면서 평생
먹을 것을 갖고 온다 큰소리를 쳤으니, 따지고 보면 그 허
풍이야말로 자신과는 비교도 안 될 만큼 대단한 것 아닌
가. 그제야 정신을 차린 오만석은 김삿갓에게 찾아가 머

리를 숙였다.

"삿갓 어른, 제가 잘못했습니다. 평소에 허풍을 떠는 제가 미워서 저 여자를 소개시켜주셨군요. 이제 삿갓 어른의 모든 뜻을 알았으니 저 여자와는 살지 않겠습니다."

그 말을 듣자 김삿갓은 펄쩍 뛰었다.

"살지 않겠다니, 혼인이 어디 아이들 장난인가? 그리고 자네 아내가 어때서 그런가? 조금만 더 살아보게. 아마 자네를 부자로 만들어줄 걸세."

오만석은 김삿갓의 말을 듣고 향단과 함께 살기로 했다. 이미 혼인한 몸이니 향단과 헤어지면 홀아비 소리를 듣게 될 것이고, 또 헤어져봐야 다른 여자를 만나기도 쉽지 않을 것 같아서였다. 더구나 엄밀히 따지면 자신도 가진 게 한 푼 없는 처지인지라 향단을 탓할 일도 아니었다.

그 후 향단은 억척스럽고 꼼꼼하게 살림을 하여 번듯한 기와집으로 이사했다. 그 사이 아들과 딸도 하나씩 얻었다. 그러고 보니 어느새 오만석은 어엿한 가장이 되었다. 결국 김삿갓의 예언대로 둘은 남부럽지 않게 살아가는 부부가 되었다.

인격의 지혜

나이를 더 먹는다고 인격이 저절로 쌓이는 것은 아니다. 아랫사람에게는 저절로 위엄이 내보이고, 윗사람으로부터는 스스럼없는 칭찬의 말을 들을 수 있다면 가히 인격을 논할 수 있으리라.

욕도 시로 읊는 여유

아무리 마음이 넓고 수양을 쌓은 사람이라도 울화가 치밀면
자기도 모르게 쌍소리가 나오기 마련이다. 그걸 오래 참으면 화병이 된다.
선비들은 어떤 식으로 화병에 걸리지 않고 그 스트레스를 풀었을까?

날이 어둑해지자 김삿갓이 어느 부잣집을 찾아갔다. 마
침 마당을 쓸고 있는 머슴이 보여 불러내 말했다.

"나는 정처 없이 떠도는 나그네인데, 날이 어두워 이 댁
에서 하룻밤 신세를 질까 하니 주인어른께 전해주게."

그 말에 머슴은 머리부터 가로저었다.

"저는 그 말씀을 전해 올리지 못합니다."

"아니, 왜 전하지 못한다는 말인가?"

"저희 주인어른께서는 손님들을 맞아들이는 데 까다로
우시니 직접 찾아가보시지요."

머슴의 애기를 들어보니, 이 집 주인이 손님을 맞을 때

이마를 만지면 귀한 손님이니 저녁상을 차리라는 표시이고, 콧등을 만지면 보통 손님이니 적당히 대접해 보내고, 수염을 쓸어내리면 귀찮은 손님이니 쫓아버리라는 표시란다.

김삿갓이 주인 영감에게 찾아갔으나, 영감은 초라한 행색의 그를 아예 쳐다볼 생각도 하지 않았다. 그때 하인이 달려와 주인의 분부를 기다리고 있었다. 김삿갓은 그때를 놓치지 않고 말했다.

"영감님, 이마에 모기가 앉았습니다."

그러자 주인 영감은 허둥대며 이마를 수차례 비볐다. 그 모양을 본 하인은 무척 귀한 손님인 줄 알고 상다리가 휘어지게 저녁상을 차려왔다.

김삿갓에게 호되게 당한 주인 영감은 이튿날 아침 아예 자신이 부엌으로 들어가 그에게 줄 조반상을 차렸다. 시커먼 보리밥에 반찬은 짠지와 간장뿐이었다.

'저 노인네가 어제 내게 속은 것이 분해서 미리 선수를 쳤구나. 야박한 늙은이 같으니……'

그렇다고 화를 낸다면 선비로서 체통이 서지 않는 일이었다. 그는 아주 맛있게 아침밥을 먹은 뒤 작별을 고하려고 영감에게 찾아갔다.

"하룻밤 잘 머물다 갑니다. 제가 가진 게 없어 드릴 것은 없고 시나 한 수 지어드리고 갈까 합니다."

"그렇게 하시구려."

주인 영감은 아직도 시큰둥한 얼굴이었다.

김삿갓은 곧바로 붓을 들어 단숨에 시를 써 내려갔다.

천(天) 자가 모자를 벗고 점을 하나 얻어 달았고,

내(乃) 자는 지팡이를 잃고 허리에 띠를 둘렀구나.

天脱冠而得一点

乃失杖而横一帶

주인 영감은 이게 무슨 뜻인지 도무지 알 수가 없었다.

"그럼, 이 몸은 떠나겠습니다. 안녕히 계십시오."

주인 영감은 떠나려는 김삿갓을 붙잡고 시의 뜻을 묻고 싶었지만, 체면이 깎이는 일이라 머뭇거렸다. 그가 떠나고도 한참 동안 영감은 뜻을 새기지 못해 낑낑거렸다. 그러다가 나중에 시를 잘 아는 사람을 통해 그 뜻을 알게 되었고, 길길이 날뛰었다.

그 뜻은 이러했다.

천(天) 자가 모자를 벗고 점을 하나 얻었다는 것은 개 견(犬) 자이고, 내(乃) 자가 지팡이를 잃고 허리에 띠를 둘렀다는 것은 아들 자(子) 자를 가리키는 것이었다. 즉, '개자식'이라는 뜻이었다.

며느리와 시아버지는 한통속

아들과 마누라가 세상을 떠나고, 대궐 같은 집에 며느리와 시아버지
단둘이 살고 있다. 그 집에서는 무슨 일이 벌어지고 있었던가.

어느 부잣집 마을을 지나게 된 김삿갓이 두 번씩이나
문전박대를 당하고 나서 오기로 세 번째 집 문을 두드렸
다. 그 집에서는 환갑이 다 된 영감이 나오더니 대뜸 누구
냐고 소리치며 눈을 부라렸다.

"지나가는 과객입니다만, 이 집 어른께서는 과객에 대
한 대접이 후하다는 말씀을 듣고 찾아왔습니다. 하룻밤만
묵어갈 수 있을는지요?"

사실 그런 말을 들은 적이 없지만, 김삿갓은 한껏 영감
을 추켜세웠다. 그러나 영감의 반응은 싸늘했다.

"어떤 놈이 그따위 소릴 했단 말인가? 나는 과객의 과

자도 모르는 사람인데. 더구나 지금 우리 집에는 홀로된 며느리가 있어 사촌지간도 남자라면 전부 내쫓는 판이니 돌아가시오."

그러자 순간 김삿갓은 참 별꼴을 다 본다고 생각했다.

"허허, 그렇습니까? 그렇다면 잘 지내보시구려."

김삿갓은 어이가 없어 그렇게 한마디 해주고 돌아섰다.

이 동네 인심은 박절하기가 이를 데 없다고 생각한 김삿갓은 아예 이 지역을 벗어나 다른 곳에서 잠잘 곳을 찾으려 걸음을 재촉했다. 그런데 막 동네 어귀를 벗어나려는데 누군가가 그를 불러 세웠다.

"삿갓 어른이 아니십니까?"

뒤돌아보니 일전에 김삿갓이 크게 도움을 준 박씨 성을 가진 사람이었다.

"아니, 박 생원께서 여기에 어쩐 일이십니까? 이 동네에 사시나요?"

"아닙니다. 저는 산너머 마을에 살고 있는데, 이곳에 제 친척이 살고 있어 만나보고 돌아가는 중입니다."

"아, 그렇군요. 저는 하룻밤 묵으려고 이 동네에서 여러 집 문을 두드렸습니다만, 모두 퇴짜를 맞아 지금 막 다른 마을로 떠나려던 참입니다."

"아, 그러셨군요. 그렇다면 오늘 밤은 저희 집에서 묵기로 하고, 우선 저기 주막에 들어가 목이나 축이시지요."

"예, 고맙습니다. 그럼 하룻밤 신세 좀 지겠습니다."

두 사람은 마을 초입에 있는 주막으로 들어갔다. 그곳에서 김삿갓은 며느리와 함께 살고 있다는 영감에 얽힌 이야기를 듣고는 기절초풍할 만큼 놀랐다.

"그 영감은 슬하에 외아들을 하나 두었는데 자식 하나 보지도 못하고 몹쓸 병에 걸려 죽었지요. 그리고 얼마 안 지나 영감의 마누라까지 죽게 되니 그 집구석에는 젊은 며느리와 늙은 시아버지만 남게 되었습니다. 그런데 아직 아이도 없는 젊은 며느리가 얼마 전부터 젖몸살을 앓기 시작했다는군요."

"허허, 그게 무슨 조화일꼬?"

"그러게 말입니다. 더욱 기가 막힐 노릇은 며느리의 젖몸살을 의원에게 보일 생각은 하지 않고 시아버지라는 작자가 그 병을 고친답시고 며느리의 젖을 빨고 있다는 겁니다. 젖을 빠는 시아버지나, 젖을 물리는 며느리나 모두 인간말종이지요."

그 대목에서 김삿갓은 잠시 입을 다물지 못했다.

"그런 작자들을 그냥 놔둔다면 개가 웃을 일이니 우리 한번 혼을 내줍시다."

"좋습니다. 그런데 어떻게 혼을 내주지요?"

"내가 시 한 수를 지을 테니 그 시를 동구 밖의 큰 나무에다 걸어둡시다."

그러고는 단숨에 시 한 수를 지었다.

시아비는 그 위를 빨고
며느리는 그 아래를 빠니
위와 아래는 다르지만
그 맛은 한 가지리라.

시아비는 그 둘을 빨고
며느리는 그 하나를 빠니
하나와 둘은 다르지만
그 맛은 한 가지리라.

시아비는 그 단 곳을 빨고

며느리는 그 신 곳을 빠니

달고 신 것은 다르지만

그 맛은 한 가지리라.

"하하하, 천하의 명시입니다. 이 시를 딱 붙여놓으면 아마 이 마을이 떠들썩해질 겁니다."

박 생원은 박장대소를 하고는 그 시를 들고 동구 밖으로 달려갔다.

봉황과 천상의 새

나이를 더 먹는다고 인격이 저절로 쌓이는 것은 아니다.
아랫사람에게는 저절로 위엄이 내보이고,
윗사람으로부터는 스스럼없는 칭찬의 말을 들을 수 있다면
가히 인격을 논할 수 있으리라.

아침과 점심을 내리 거른 김삿갓이 산중을 지나고 있었
다. 저만치에서 노인 다섯 명이 모여 앉아 잔을 주거니 받
거니 하면서 술을 마시고 있었다.

'옳지, 사람이 죽으라는 법은 없지.'

김삿갓은 노인들의 틈에 끼어 막걸리라도 한 잔 얻어
마시려고 다가갔다.

"어르신들, 안녕하십니까? 지나가는 과객입니다만, 탁
주 한 사발 얻어 마실 수 있겠습니까?"

자기들끼리 잔을 돌리며 흥에 취해 있던 노인들은 불쑥
나타나 흥을 깬 김삿갓을 못마땅하게 쳐다보았다.

"우리는 지금 한창 흥에 겨워 시를 짓고 있는 중인데, 왜 불쑥 끼어들어 흥을 깨는가?"

그 말에 김삿갓은 다소 미안한 마음이 들었다.

"제가 무례를 범했군요. 저도 시를 좋아하는 사람이니 자리에 끼워주시면 한 수 읊어보겠습니다."

노인들은 김삿갓의 초라한 행색을 보고는 코웃음을 쳤다.

"흥! 당신 같은 자가 시를 짓겠다고? 만약 시를 짓지 못하면 거짓말을 입에 담은 죄로 저 산등성이까지 기어서 가야 하네."

김삿갓이 노인의 제안을 흔쾌히 받아들였다.

"예, 그렇게 하겠습니다. 우선 탁주 한 사발만 주시면 그걸 먹고 시상을 다듬어보겠습니다."

노인들은 각기 술 한 잔씩을 따라주었다. 막걸리 몇 잔을 마시니 대번에 배가 벌떡 일어나는 게 그제야 살 것 같았다.

"자, 이제 술도 얻어 마셨으니 시를 지어보게나."

"예, 그러죠. 먼저 어르신들이 한 수 지어주시면 제가 화답하는 게 어떻겠습니까?"

"마음대로 하게. 그럼 내가 먼저 조(鳥) 자, 운(雲) 자, 군(群) 자를 넣어 한 수 지을 테니 화답해보게."

말을 마치자 노인은 붓을 들어 이런 시를 지었다.

돌 위에서는 풀이 돋기 어렵고
방안에서는 구름이 일어날 수 없는 일.
산에 사는 어떤 잡새가
봉황의 무리 속에 날아들었는가.

石上難生草
房中不起雲
山間時何鳥
飛入鳳凰群

첫째 연과 둘째 연은 배우지 못한 무식한 촌놈이라는 야유를 보낸 것이고, 셋째와 넷째 연은 노인들 자신을 봉황에 비유하고 김삿갓은 잡새에 비유한 것이었다.

김삿갓은 노인들이 아직도 자신을 얕보고 있다는 사실

을 알아차렸다. 그래서 붓을 들어 일필휘지로 다음과 같은 시로 화답했다.

나는 본래 하늘 위에 사는 새로서
언제나 오색구름 속에서 노닐었는데,
오늘따라 비바람이 몹시 몰아쳐
들새 무리 속에 잘못 끼어들었네.

我本天上鳥
常留五彩雲
今宵風雨惡
誤落野鳥群

　노인들이 봉황이라고 자처한 것에 대해 김삿갓은 그보다 한 수 위에 있는 천상의 새라고 칭하면서 들새 같은 노인 무리에 잘못 끼어들었다고 한 시였다.
　"이 정도면 술 몇 잔 값은 넉넉히 치렀다고 생각합니다. 그럼 저는 그만 일어서겠습니다."

김삿갓이 자리에서 일어나 저만치 걸어가자 비로소 시의 뜻을 알아챈 노인들이 노발대발 떠들었다. 김삿갓은 그 소리를 뒤로한 채 다시 하룻밤 몸 닐 곳을 찾아 바삐 발걸음을 놀렸다.

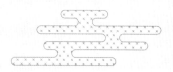

송편

손에 넣고 뱅뱅 돌리니 새알이 만들어지고
손가락 끝으로 일일이 파서 조개 같은 입술 맞추네.
금쟁반에 천 개의 봉우리를 첩첩이 쌓아 올리고
등불 매달고 옥젓가락으로 반달 같은 송편을 집어 먹네.

手裡廻廻成鳥卵 指頭個個合蚌脣
수리회회성조란 지두개개합방순

金盤削立峰千疊 玉箸懸燈月半輪
금반삭립봉천첩 옥저현등월반륜

松餅 송병

● 송편 만드는 모습을 꼼꼼하게 묘사했다.

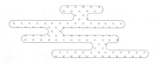

소의 혀를 자른 사내

인격의 유무에 따라 사람과 동물이 갈린다.
순간의 화를 참지 못하고 동물을 학대한 사내는 범행을 부인하지만,
김삿갓의 번득이는 재치로 결국 자신의 소행을 자백하고 만다.

김삿갓이 화양군수 이범호를 만나 며칠 동안 관아에서
머물 때의 일이다.

이범호가 김삿갓에게 청을 했다.

"저희 고을에는 아직 해결하지 못한 일이 여럿 있는데,
그중에 아주 애매한 사건 하나를 선생이 해결해주셨으면
합니다."

사건의 내용은 한 농부의 집에서 기르던 소의 혀가 잘
려나간 사건이었는데, 소 주인은 이웃집 사내의 소행이
분명하다고 주장하고 있었다. 하지만 심증만 있지 물증이
없어서 범인으로 단정하지는 못하고 사또에게 재판을 청

구한 것이다. 이범호는 난감하기 그지없었다. 말 못하는 소에게 범인을 물어볼 수도 없는 일이고, 현장을 목격한 사람도 없는 상황인지라 농부의 말만 믿고 이웃집 사내를 잡아들일 수도 없는 일이었다.

사연을 듣고 김삿갓이 말했다.

"지금 당장 농부의 이웃에 사는 사내들을 모두 불러들이십시오."

이범호는 우선 김삿갓의 말대로 포졸들을 시켜 마을의 사내들을 모두 관가로 데려왔다. 그리고 혀가 잘린 농부의 소도 끌고 왔다.

"자, 이제부터 제가 시키는 대로 하십시오."

그리고는 이범호의 귀에 대고 무언가를 일러주었다.

"오, 그렇게 하면 되겠군요. 역시 선생은 현명하십니다."

이범호는 김삿갓의 말을 듣고 포졸들에게 명령했다.

"사내들에게 각자 물을 한 통씩 나눠주어라."

사내들의 손에 물이 한 통씩 주어지자 사또가 이번에는 그들을 둘러보며 말했다.

"지금부터 한 명씩 차례로 소의 입에다가 물통을 대주는데, 소가 물을 먹으려고 하면 즉시 물통을 치워 한 방울도 먹지 못하게 하라.”

사또의 명에 따라 마을 사람들은 한 사람씩 물통을 들고 소의 입에다 들이댔다. 그렇게 수십 명이 지나가자 소는 더욱 갈증을 느껴 몹시 괴로워했다.

마침내 농부가 의심하고 있는 이웃집 사내의 차례가 되었다.

그자도 다른 사람들처럼 소의 입에다가 물통을 들이댔다. 소는 반가운 듯 목을 길게 빼어 물을 마시려고 대들다가 한순간 사내의 얼굴을 보더니 갑자기 기겁하며 뒷걸음질을 쳤다.

“음매! 음매!”

이제 갈증 따위는 염두에도 없는 듯 소는 그 사내에게서 멀어지려고만 했다. 이때를 놓치지 않고 이범호가 소리쳤다.

“저놈을 당장 오랏줄로 묶어라!”

온몸이 꽁꽁 묶인 사내는 이범호 앞에 꿇어앉아 범행 사실을 털어놓았다. 그는 농부의 소가 자기 논에 쌓아놓은 볏단을 뜯어먹자 화를 참지 못하고 소의 혀를 잘라버렸다는 것이다.

“그렇다면 네놈의 혀도 잘라줄까?”

사또의 말에 사내는 기겁을 하며 입을 감싸쥐었다.

"죽을 죄를 졌습니다. 한 번만 용서해주시면 다시는 짐 승들을 학대하지 않겠습니다."

사또는 사내에게 곤장 서른 대의 형을 내렸다. 줄곧 판 결을 지켜보고 있던 김삿갓이 한마디 했다.

"역시 사또는 정이 많으신 분입니다. 짐승과 사람을 두 루 아끼는 마음이 있으시니, 백성들에게 큰 존경을 받을 것입니다."

어린 과부의 절개

젊은 나이에 과부가 된 여인의 방에 들어갔다가
단도를 꺼내 절개를 지키려는 바람에
뜻하지 않게 시 한 수 지어주고 살아난 이야기.

김삿갓이 전라도 어느 마을을 지날 무렵 날이 저물었다.
하룻밤 묵을 곳을 찾던 중에 커다란 기와집이 눈에 띄었다.

"이리 오너라!"

김삿갓은 큰 소리로 주인을 불렀다. 그러나 대문을 열고
나선 것은 주인이 아닌 여종이었다.

"무슨 일이십니까?"

여종은 아직 어려 보였는데, 제법 예의를 갖추고 있는
듯했다.

"지나가는 과객인데 하룻밤 묵을 수 있는지 주인께 여
쭈어보거라."

잠시 후 안채에 다녀온 여종이 주인의 허락을 받았는지 김삿갓을 방에 들이고 저녁을 지어주겠다고 했다.

"허어, 이 집은 주인이 도대체 누구기에 사람이 찾아왔는데 내다보지도 않는가? 고얀지고……."

주인이 코빼기도 보이지 않자 김삿갓은 무시당하는 것 같아 은근히 부아가 났다.

조금 지나자 여종이 밥상을 들고 왔다. 비교적 준수한 상차림이었다. 김삿갓이 여종에게 넌지시 물었다.

"이 댁 주인어른은 어떤 분이신가?"

그러나 여종은 아무 대답도 하지 않고 허둥대는 기색을 보이며 물러갔다. 그걸 보자 김삿갓은 이상한 생각이 들었다.

'이 집은 여우 귀신이 사람으로 둔갑해서 살고 있는 집인 겐가?'

뭔가 으스스한 생각도 들었다. 생각해보니 지금까지 이 집에서 본 사람은 여종 말고는 아무도 없었다.

밥을 다 먹은 뒤에 김삿갓은 궁금증을 참을 수가 없어 슬며시 안방으로 다가가 방 안을 엿보았다.

'아니, 저건!'

안방에는 흰 소복을 입은 여인이 앉아 있었다. 순간 정말 여우가 사람으로 둔갑해 앉아 있는 게 아닌가 싶어 덜컥 겁이 났다. 하지만 천하의 감삿갓이 그 정도로 움츠러들 수야 없다는 생각으로 방문을 열어젖히며 안으로 들어섰다. 가까이서 여인의 얼굴을 보니 대단한 미인이었다.

여인은 처음에 깜짝 놀랐으나 김삿갓이 살살 어르며 이야기를 붙이자 순순히 말문을 열었다. 사연을 다 듣고 보니 그 여인은 독수공방하는 어린 과부였다. 마침 오늘 시부모는 친척 집에 일이 있어 길을 떠났고, 여종과 둘이서 집을 지키던 중이었다.

방에서 나온 김삿갓은 잠자리에 들었으나 영 마음이 싱숭생숭하여 잠이 오지 않았다. 어린 나이에 홀몸이 되었으니 이 밤이 오죽 길게 느껴지랴 싶어 은근히 동정심이 생기기도 했다. 아니, 동정심은 한낱 핑계에 지나지 않고 오랜만에 아름다운 여인을 보니 마음이 동한 것이었다. 그리하여 김삿갓은 밤이 깊어지자 안방 문을 열고 들어갔다.

여인은 잠이 들어 있었다. 김삿갓은 천천히 다가가 이불을 젖히고 누울 참이었다. 그때 갑자기 여인이 벌떡 일어나더니 그에게 단도를 겨누며 외쳤다.

"웬 놈이냐!"

김삿갓은 너무 놀라 뒤로 벌렁 나자빠졌다.

"나, 나요. 아무 짓도 안 할 테니 그 칼을 치워주시오."

김삿갓은 손을 휘저으며 애원했다. 여인은 김삿갓의 얼굴을 확인하고는 다소 기세가 누그러졌다.

"점잖은 분인 것 같아 집에 들였는데, 이게 무슨 짓입니까? 저는 일찍 지아비를 잃어 아직 근신해야 할 몸이거늘 정녕 그것을 모르셨단 말입니까?"

여인은 생각보다 꽤 학문이 높은 것 같은 말투였다. 구구절절 옳은 말이라 김삿갓은 마땅히 할 말이 없었다. 그래서 이 위기에서 벗어나기 위해 눈을 질끈 감고 거짓말을 둘러댔다.

"나는 지금 한양에 과거 보러 가는 길인데 내가 잠시 뭔가에 홀렸나 봅니다. 내가 죽을죄를 지었으니 용서하시고 칼을 거둬주시오."

그러자 여인은 잠시 무언가를 생각하더니 칼을 거두고 김삿갓을 쳐다보며 말했다.

"과거를 앞둔 분이라니 학문이 높으신 분 같아 이 일은 없던 것으로 하겠습니다. 그러나 일단 제 시험에 붙어야

이 방에서 나가실 수 있습니다."

"시험이라니? 무슨 시험이오?"

"제가 운자를 불러드릴 테니 지금 이 자리에서 시 한 수를 지어보십시오."

뜻밖의 일이었다. 깊은 밤에 과부를 넘보려다가 시를 짓기는 난생처음이거니와 어울리지도 않는 일이었다. 하지만 목숨이 오락가락하는 일이기에 김삿갓은 여인의 제안을 승낙했다.

"운자는 린(隣), 춘(春), 진(塵), 군(裙)입니다."

운자가 주어지자 김삿갓은 잠시 시상을 가다듬은 뒤에 시를 읊기 시작했다.

나그네 잠자리가 너무 쓸쓸해 꿈자리도 좋지 못한데
하늘에 가득 찬 차가운 달빛에 주위가 처량하네.
푸른 대와 푸른 솔은 천고의 절개를 자랑하고
붉은 복사꽃 흰 오얏꽃은 한 해에 저버리는 춘색이로다.
왕소군의 고운 모습도 오랑캐 땅에 묻히고
양귀비의 꽃 같은 얼굴도 마외의 티끌이 되었네.
사람의 성정이 본래 무정한 것은 아니니

오늘 밤 그대 옷자락 풀기를 아까워하지 말았으면 좋겠네.

객침조소몽불인 만천상월조오린
客枕條蕭夢不仁 滿天霜月照吾隣

녹죽청송천고절 홍도백리편시춘
綠竹靑松千古節 紅桃白李片時春

소군옥골호지토 귀비화용마외진
昭君玉骨湖地土 貴妃花容馬嵬塵

인성본비무정물 막석금소해여군
人性本非無情物 莫惜今宵解汝裙

　왕소군은 한나라 원제(元帝) 때의 후궁으로, 대단한 미인
이었다. 하지만 화공이 초상화를 추녀로 그리는 바람에
흉노족의 아내가 되어 거기서 죽은 비운의 여인이다. 또
한 마외(馬嵬)는 중국 장안의 서쪽 지방의 도시로서 양귀
비가 죽은 곳이다.

　김삿갓은 그 와중에도 시를 통해 은근히 여인의 마음을
떠보았으나 결국 뜻을 이루지는 못했다.

　"시를 짓는 솜씨로 보아 과거에서 뜻을 이룰 분이군요.
하지만 마지막 구절은 안 들은 것으로 하겠습니다. 이제
방을 나가셔도 좋습니다."

　김삿갓은 그 말을 듣고서야 자신의 부질없는 욕정을 가

라앉혔다. 비록 동침하지 않아도, 서로 마음만 통하면 이 부자리만 깔아놓는 것으로도 정을 통한 것과 진배없다는 말을 떠올리며 묵묵히 여인의 방을 빠져나왔다.

갈매기

모래도 희고 갈매기도 희니
모래와 갈매기를 분간할 수 없네.
어부가(漁夫歌) 한 곡조에 홀연히 날아오르니
그제야 모래는 모래, 갈매기는 갈매기가 되는구나.

漁歌一聲忽飛去　然後沙沙復鷗鷗　白鷗
어가일성홀비거　연후사사복구구　백구

沙白鷗白兩白白　不辨白沙與白鷗
사백구백양백백　불변백사여백구

개털 옷을 입은 노인

인심이 야박한 졸부 양반 늙은이를 골려주기 위해
김삿갓은 개구멍에서 나온 개에게 달려가 큰절을 올렸다.

어느 시골 마을에 인심이 야박한 노인 양반이 있었다.
어느 겨울, 날이 저물자 김삿갓은 하필 그 집 문을 두드리
게 되었다.

"우리 집에서는 얼굴 모르는 사람은 안에 들이지 않으
니 다른 데로 가보게."

개가죽으로 지은 두툼한 털옷을 입고 있던 노인은 첫마
디부터 딱지를 놓았다. 하지만 김삿갓도 그 정도에서 물
러날 만큼 만만한 인물은 아니었다. 그는 대뜸 양반 타령
을 하며 맞섰다.

"어르신께서는 점잖은 양반분 같으신데, 저도 행색이

이래서 그렇지 뼈대 있는 양반 가문 출신입니다. 그러지 마시고 하룻밤만 재워주십시오."

양반이라는 소리에 노인은 다소 주춤하는 기색이더니 갑자기 실눈을 뜨고 김삿갓을 쳐다보았다.

"자네가 양반이라고? 그럼 행실도 양반다워야 할 게 아닌가?"

"예? 제 행실이 잘못되었는지요?"

"양반이라면 우선 어른을 보았을 때 큰절부터 해야 하는 게 아닌가?"

시골 촌구석에서 양반이랍시고 행세하는 노인은 그야말로 권위주의에 푹 빠져 있는 것 같았다. 그래서 김삿갓은 노인의 비위를 맞추기 위해 못 이기는 척하고 땅바닥에 엎드려 큰절을 올렸다.

"이제 큰절까지 드렸으니 저를 재워주시는 겁니까?"

하지만 노인은 손을 휘저으며 큰 소리로 말했다.

"누가 재워준다고 했는가? 나는 다만 자네에게 양반의 예법을 가르쳐주었을 뿐일세, 어험."

눈꼴 시린 일이 아닐 수 없었다. 체면 불고하고 땅바닥에 엎드려 큰절까지 했는데도 소위 양반이라는 늙은이는 여전히 재워줄 생각을 하지 않았다. 그래도 추운 겨울날 어떻게든 찬바람은 피해서 자야겠기에 노인에게 정중히 말했다.

"아직도 저를 양반으로 인정하지 않으시는 것 같으니 그럼 제가 시를 한 수 지어 올리겠습니다."

김삿갓은 곧바로 시 한 수를 지어 노인에게 주었다.

그대가 양반이면 나도 양반이라네.

양반이 양반을 몰라보니 양반은 무슨 양반인가.

조선에선 세 가지 성씨만이 양반인데

그중에서도 김해 김씨가 으뜸 양반이지.

나는 천 리 밖에서 찾아온 손님 양반이고

그대는 팔자 좋아 부자가 된 양반이라네.

그런데 부자 양반이 진짜 양반을 싫어하니

손님 양반이 주인 양반의 면모를 알 만하구나.

彼兩班此兩班 班不知班何班

朝鮮三姓其中班 駕洛一邦在上班

來千里此月客班 好八字今時富班

觀其爾班厭眞班 客班可知主人班

양반 행세를 하는 시골 노인을 신랄하게 비꼰 시였다. 하지만 노인이 이 시의 뜻을 알 리가 없었다. 노인은 시를 받아들고 머쓱한 표정을 짐짓 김삿갓을 나무랐다.

"이 사람아, 누가 시를 지으라고 했는가? 여하튼 나는 양반이든 상놈이든 얼굴 모르는 위인은 집에 들이지 않으니 그리 알게."

이렇게까지 인정이 야박한 노인네는 처음이었다. 이쯤 되고 보니 김삿갓도 이제는 어쩔 수가 없었다. 더 이상 사정해보았자 노인네 집에서 잠을 자기는 그른 성싶었다. 그래서 어떻게든 이 노인네를 한번 골려주어야겠다고 마음먹고 있는데, 마침 개구멍에서 개 한 마리가 기어 나오고 있었다. 김삿갓은 그 개를 보자 얼른 달려가서 넙죽 절을 했다. 그러자 노인이 눈을 크게 뜨며 물었다.

"자네 지금 뭐 하는 건가?"

김삿갓이 능글맞게 대꾸했다.

"방금 전에는 아들 양반에게 큰절을 올린 것이고, 지금은 아버지 양반에게 큰절을 올린 것입니다."

그 말을 남기고 김삿갓은 총총히 자리를 떠났다.

노인은 그 말이 무슨 뜻인가 하고 잠시 생각하더니 이내 길길이 날뛰며 김삿갓의 뒤를 쫓아갔다. 김삿갓은 노인이 개가죽으로 만든 털옷을 입고 있는 것을 보고 일부러 개에게 절을 했던 것이었다. 노인을 '개자식'으로 취급했으니 격노하지 않을 수 없는 일이었다.

인심 박한 길주·명천

길한 고을이라는 뜻에서 이름 붙여진 길주(吉州),
밝은 고을이라고 해서 이름 붙인 명천(明川).
하지만 김삿갓은 이 지방에서 모욕만 당하고 발길을 돌렸다.

초겨울에 이르러 김삿갓은 함경도 길주 지방을 지나게
되었다.

길주 사람들은 낯선 사람들을 아예 외면하는 습관이 있
다고 들은 터라 김삿갓은 자못 긴장하지 않을 수 없었다.
이 지방 사람들은 오랑캐의 침입을 자주 받아왔던 터라
인심이 그처럼 모질어진 모양이었다.

그런 까닭에 될 수 있으면 한시라도 빨리 이곳을 벗어나
려고 걸음을 재촉했으나, 아무리 빨라도 사람 걸음인지라
결국 저녁 무렵이 될 때까지 길주 지방을 맴돌게 되었다.

마음은 내키지 않았으나 날이 어둑해오니 잠자리를 찾

지 않을 수가 없었다. 그는 허씨 성을 가진 영감의 집으로 찾아가 잠자리를 청했다. 그랬더니 허 영감은 대뜸 소리를 지르며 거절하는 것이었다.

"내가 당신을 언제 봤다고 내 집에서 재워준단 말인가? 당신 정신이 어떻게 된 거 아니야?"

길주 사람들의 인심이 사납다는 말을 듣긴 했으나 이처럼 모질 줄은 몰랐다. 더구나 멀쩡한 사람을 정신병자 취급을 하니 아무리 넉살 좋은 김삿갓이라도 부아가 치밀지 않을 수 없었다.

그래서 앞뒤 가리지 않고 버럭 소리를 내질렀다.

"잠을 재워주지 않으면 그만이지, 왜 멀쩡한 사람을 정신병자로 만드는 거요?"

"정신병자가 아니면 그만이고, 난 당신 같은 사람 재워주고 싶지 않으니 다른 데 가서 알아보슈."

그러고는 문을 쾅 닫고 들어가는 것이었다. 김삿갓은 막무가내인 영감쟁이가 들어가자 너털웃음을 웃으며 그 자리에서 시 한 수를 써 갈겼다.

길주 길주 하지만 길하지 않은 고을이고

허가 허가 하지만 허가하는 것은 하나도 없네.

吉州吉州不吉州 許可許可不許可

길주라는 고을의 한문 이름은 길할 길(吉) 자를 써서 좋은
고장인 줄 알았더니 그게 아니라는 말이고, 허락할 허(許)
를 쓴 허 영감도 성씨와는 달리 나그네를 재워주지 않음
을 비꼰 시였다.

김삿갓은 하는 수 없이 명천 지방으로 발길을 돌렸다.

명천은 생선이 많이 잡히는 고을이어서 그곳에 가면 비
린 음식만큼은 많이 먹을 수 있으리라는 기대를 품었다.
하지만 명천 지방에도 비린 음식은커녕 죽 한 그릇도 얻
어먹지 못했다. 그곳 역시 인심이 사납기는 길주와 마찬가
지였다. 그래서 명천 지방에 대해서는 이렇게 비꼬았다.

명천 명천 하지만 사람들은 밝지 못하고

어전 어전 하지만 어느 밥상에도 고기가 올라오지 않네.

明川明川人不明 漁佃漁佃食無漁

어전(漁佃)이란 물고기를 잡고 짐승을 사냥한다는 뜻인데, 이 고을의 밥상에는 고기가 오르지 않음을 풍자한 것이다.

김삿갓은 워낙 소탈한 성격이라 길주, 명천 지방에서 모욕을 당했으나 시 한 수로 훌훌 풀어버리고 이미 캄캄한 밤이었음에도 미련 없이 발길을 돌렸다.

인내의 어려움

'참을 인' 자가 셋이면 살인도 면한다는 말이 있다.
참는 일이 그만큼 어렵다는 뜻이다.
그 가르침을 새삼 일깨워준 어느 노승의 이야기이다.

지리산에 덕이 높은 노승이 있다기에 김삿갓은 그 덕망
을 배워볼 요량으로 찾아갔다.

김삿갓이 노승을 찾아갔을 때는 마침 어느 불자의 아들
이 찾아와 있었다. 그랬기에 바로 노승을 만나지는 못하
고 밖에서 기다려야 했다.

"이번에 소인이 말단의 벼슬을 얻어 세상에 나가게 되
었습니다. 제 아버님께서 벼슬에 나가기 전에 꼭 노스님
을 만나 뵈라 하셔서 찾아뵈었습니다."

벼슬에 나가게 됐다는 젊은이는 노승에게 깍듯하게 예
절을 갖추었다. 노승은 젊은이에게 차를 대접하며 말했다.

"모름지기 벼슬을 얻어 세상에 나가는 자는 백성들의 머슴이 되겠다는 마음을 가져야 하네. 그런 마음을 갖기 위해서는 무엇보다 자신과의 싸움에서 이겨야 하네. 그 싸움에서 이기려면 참고 또 참아야 하네. 항상 인내라는 말을 가슴에 새기도록 하게."

"예, 알겠습니다. 앞으로 제가 정치를 하면서 좌우명으로 삼아야 할 것이 있다면 무엇인지 말씀을 해주십시오."

젊은이는 좌우명으로 삼을 만한 이야기가 듣고 싶었던 것이다. 그러자 노승이 말했다.

"방금 전에도 말했지만 백성을 두려워하고, 항상 인내해야 하네. 인내는 곧 좋은 정치를 하는 밑거름이 되는 것일세."

"예, 스님의 말씀을 명심하겠습니다."

젊은이는 노승에게 합장으로 인사한 뒤 돌아가려고 했다. 그러자 노승은 법당 밖까지 쫓아나가며 다시 말했다.

"내 말을 잊지 말게. 항상 인내해야 하네."

그 소리에 젊은이가 얼굴이 붉어지더니 목소리를 높여 말했다.

"스님! 그 말씀은 알아들었으니 이제 그만하시지요!"

같은 말을 세 번씩이나 되풀이해서 들으니 짜증이 났던 것이다. 그러자 노승이 웃으며 말했다.

"허허허! 이보게, 나는 자네더러 참으라는 이야기를 아직 세 번밖에 안 했네. 그런데 자네는 인내하라는 내 말을 겨우 세 번밖에 안 듣고 벌써 화를 내지 않는가?"

젊은이는 아차 싶었는지 고개를 숙인 채 말문을 닫았다.

그 장면을 지켜본 김삿갓은 과연 노련한 가르침을 전해주는 노승의 지혜에 탄복하여 공손히 합장을 드린 후 그절에서 물러 나왔다. 그만하면 김삿갓도 더없이 중요한 진리를 배웠다고 생각했기 때문이다.

바둑

흑백이 종횡으로 진을 치며 에워싸니
승패는 오로지 집을 점령하고 못 하고에 달렸네.
한나라 네 은사가 바둑으로 시국을 잊었고
삼청 신선들의 대국을 구경하느라 나무꾼 도낏자루가 썩더라.
우연히 속임수가 생겨 중요한 점을 얻기도 하고
잘못 두었을 때는 물러달라 손을 흔들기도 하네.
한나절이나 승부를 다투고서도 또 싸우니
바둑알 놓는 소리가 석양에 이르네.

縱橫黑白陳如圍　勝敗專由取舍機
종횡흑백진여위　승패전유취사기

四皓閑秤忘世坐　三淸仙局爛柯歸
사호한칭망세좌　삼청선국란가귀

詭謨偶獲攙頭点　誤着還收擧手揮
궤모우획대두점　오착환수거수휘

半日輪瀛更挑戰　丁丁然響到斜輝
반일윤영갱도전　정정연향도사휘

棋　기

●사호(四皓)는 진시황 때 난을 피해 상산(商山)에 숨은 네 은사(隱士)를 가리킨다. 삼청(三淸)은 옥청(玉淸), 상청(上淸), 태청(太淸)으로 신선들이 산다는 궁의 이름이다.

억지 처방으로 살려낸 새 생명

사람을 짐승과 구별하는 또 하나의 중요한 기준은
생명을 소중히 여긴다는 점이다. 아직 태아인 경우에도
사람으로서의 인격을 존중해야 하는 법이다.

김삿갓이 의원 친구와 차를 나누고 있는데 배가 불룩한 아낙네가 약방문을 열고 들어섰다. 여인은 첫인상부터 몹시 궁색해 보였다.

아닌 게 아니라 여인은 임산부였는데 너무 가난하여 배 속에 든 애를 지우려고 약방을 찾아왔다는 것이었다.

"허어, 이 사람 큰일 날 소리를 하고 있구먼. 인명은 제천이라고 했는데 어떻게 사람 마음대로 생명을 지운단 말인가?"

의원은 펄쩍 뛰며 아이를 지울 수 없다고 말했다. 그러나 여인도 보통 결심을 하고 온 게 아닌 듯했다.

"저라고 왜 배 속의 아기에게 세상 구경을 시켜주고 싶지 않겠습니까? 하지만 지금 집에 딸린 아이들이 열 명이나 됩니다. 없는 살림에 아이들이 열씩이나 되다 보니 입에 풀칠하기도 벅찬 실정입니다."

그러니 지금 배 속의 아기까지 낳는다면 살림이 더욱 궁색해질 게 뻔해 아예 애를 낳지 않겠다는 것이었다. 김삿갓은 사연을 듣고 보니 여인이 애를 지우겠다는 말도 무리가 아니라고 생각했다. 그러나 의원 친구가 펄쩍 뛰는 것도 이해가 갔다. 천하의 김삿갓도 이런 경우에는 어찌해야 좋을지 난감하기만 했다.

"선생님, 제발 애를 떼게 해주십시오. 돈이 없어 비싼 약을 먹을 수는 없고 돈을 안 들이고도 아이를 지울 방법을 알려주십시오."

여인은 의원에게 간곡하게 매달렸다. 김삿갓이 보기에도 여인이 너무 안쓰러워 친구에게 말했다.

"이보게, 여인의 사정이 너무 가련하니 처방을 내려주게. 나도 이렇게 부탁을 하네."

"허어, 이 친구가 왜 이러나? 내가 분명히 말하지 않았는가? 인명은 재천이라고 말이야."

의원 친구는 고지식하게 애를 지워줄 수 없다고만 고집

을 부렸다. 가만 보니 의원과 여인의 고집 싸움이 금세 끝
날 것 같지가 않았다. 그래서 김삿갓이 한 가지 꾀를 내고
는 의원을 방안으로 불러들였다.

"이보게, 저 여인은 애를 지우기 전에는 돌아가지 않을
것 같으니 이렇게 하게."

그러고는 귓속말로 무언가를 이야기해주었다. 이내 의
원 친구는 무릎을 치며 감탄했다.

"알겠네. 역시 자네 머리는 비상하구먼. 자네가 일러준
대로만 하면 저 여인은 틀림없이 돌아갈 것이야."

의원은 방에서 나와 여인에게 말했다.

"비싼 약을 먹을 처지도 아니라니 내가 애를 지울 간단
한 방법을 일러주겠네. 내가 시키는 대로 하겠는가?"

돈을 안 들이고도 애를 뗄 방법이 있다고 하자 여인은
기뻐하며 어서 처방을 내려달라고 졸랐다. 의원은 자못
진지한 표정을 지으며 여인에게 처방을 말해주었다.

"오늘부터 열흘 동안 소변을 참아보게. 그러면 배 속의
애가 오줌에 익사하고 말걸세."

여인은 긴가민가하여 잠시 벙벙한 표정을 지었다. 하지
만 그래도 의원이 내린 처방이라 신빙성이 있을 거라 생

각했는지 수긍하는 눈치였다. 잠시 아무 말 없이 뭔가를 골똘히 생각하던 여인이 불안한 듯 말문을 열었다.

"저, 그런데 열흘 동안이나 어떻게 소변을 참지요? 만약 열흘이 되기 전에 소변을 보아버리면 헛일이 되나요?"

"음, 그럼 한 닷새만 참아보게. 물론 열흘보다야 효과가 덜하겠지만, 닷새 정도만 참아도 애가 저절로 죽어 나올 걸세."

그 말에 여인은 고맙다며 연신 고개를 굽실거린 후 돌아갔다. 여인이 돌아가자 김삿갓은 참았던 웃음을 터뜨렸다.

"하하하, 자네는 사람 병만 잘 고치는 줄 알았더니 연극도 제법 잘하더구면."

의원도 자신의 행동이 우스운지 웃음을 참지 못했다.

"허허허, 이 사람아 연극 대본은 자네가 써놓고 뭘 그러나?"

결국 두 사람의 연극 덕분에 한 생명이 구제된 셈이었다. 아무리 참을성이 강한 사람이라도 생리 현상을 거스를 수는 없는 법이었다. 더구나 하루 이틀도 아닌 닷새 동안이나 소변을 참는다는 것은 보통 사람이 해낼 일이 아니었다.

맷돌

누가 산속의 바윗돌을 둥글게 만들었나.
하늘은 도는데 땅은 그대로 있네.
손이 움직일 때마다 천둥소리 나더니
사방으로 싸라기눈 날리다가 잔잔히 떨어지네.

誰能山骨作圓圓　天以順還地自安
수 능 산 골 작 원 원　천 이 순 환 지 자 안

隱隱雷聲隨手去　四方飛雪落殘殘
은 은 뇌 성 수 수 거　사 방 비 설 락 잔 잔

磨石
마 석

● 돌로 만든 맷돌을 마치 살아 움직이는 생명체처럼 묘사했다.

정의의 지혜

사람의 겉모습만 보고 무시하는 인물 중에 군자는 없다. 군자는 그 사람의 내면을 읽는 눈을 키우지, 겉치레 따위는 거들떠보지도 않는다.

공짜 술

엉뚱한 문제 몇 개로 얼치기 사내들에게 골탕을 먹이던 주모에게
김삿갓은 특유의 재치로 해답을 주어 보기 좋게 그녀를 눌러버렸다.

김삿갓이 산을 넘다가 목을 축이려고 어느 주막에 들렀
다. 그런데 그 주막에는 이상한 관행이 있었다. 손님이 주
모와 내기를 해서 손님이 이기면 술값을 받지 않고, 지면
술값을 세 배로 물어야 한다는 것이었다.

주모가 상 위에 술 한 잔을 따라놓고 말했다.

"자, 지금부터 내가 문제를 낼 테니 맞히면 이 술을 그냥
드시고, 틀리면 석 잔 값을 내시구려."

"좋소, 그렇게 합시다."

무슨 문제인지는 몰라도 설마 주막의 아낙네가 내는 문
제를 못 풀까 하는 마음으로 김삿갓은 자신 있게 대답했

다. 주모는 곧바로 문제를 냈다.

"오동나무 열매는 동실동실(桐實). 이런 식의 말을 하나 만드시구려."

김삿갓은 바로 답을 내놓았다.

"보리 뿌리는 맥근맥근(麥根)."

"호, 제법이시군. 그럼 이제부터는 쉬지 말고 바로 답을 내놓으시오. 오리는 십 리를 가도 오리, 백 리를 가도 오리, 이것과 비슷한 문장을 만들어보시오."

이번에도 김삿갓은 즉시 답을 내놓았다.

"할미새는 태어난 지 하루가 됐어도 할미새, 일 년이 됐어도 할미새."

김삿갓이 거침없이 대답하자, 주모는 다소 당황한 기색을 흘리며 다음 문제를 냈다.

"창(槍)으로 창(窓)을 찌르면, 그 구멍을 창(槍)구멍이라고 할까, 창(窓)구멍이라고 할까?"

"눈(雪)이 눈(眼)에 들어가면 눈물이 나오는데, 그 눈물을 눈(雪)물이라고 할까, 눈(眼)물이라고 할까? 혹시 주모는 이 문제의 답을 아시오?"

주모가 두 손을 휘휘 저으며 물러앉았다.

"내가 이제까지 숱한 사내들과 내기를 해서 진 적이 없지만, 손님한테는 못 당하겠구려. 내가 졌으니 술값은 안 내도 좋소."

김삿갓이 웃으며 말했다.

"하하하. 이보시오, 주모. 앞으로는 그런 엉뚱한 문제를 가지고 얼치기 사내들의 호주머니를 털 생각은 하지 마시오. 뛰는 놈 위에 나는 놈이 있다는 옛말도 있지 않소? 그렇게 함부로 날뛰다가는 꼭 호되게 당하는 법이오."

김삿갓은 공짜 술을 얻어 마시고는 다시 길을 떠났다.

파격시

하늘은 멀어서 가도 가도 잠을 수 없고
꽃은 시들어 나비도 찾아오지 않네.
국화는 찬 모래밭에 피어나고
나뭇가지 그림자가 반이나 연못에 드리웠네.
강가의 정자에 가난한 선비가 지나가다가
만취하여 소나무 아래 엎드렸다네.
달이 기울어 산 그림자도 달라졌는데
장꾼들은 시장에 돈을 벌러 오더라.

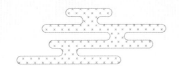

月_월利_이山_산影_영改_개 通_통市_시求_구利_이來_래

江_강亭_정貧_빈士_사過_과 大_대醉_취伏_복松_송下_하

菊_국樹_수寒_한沙_사發_발 枝_지影_영半_반從_종池_지

天_천長_장去_거無_무執_집 花_화老_로蝶_접不_불來_래

破_파格_격詩_시

● 이 시는 한시로 뜻을 이해하기보다는 한자의 음을 빌어 우리말로 읽어야 제맛이 난다.

천장에는 거미집, 화로에서는 겻불 내음, 국수는 한 사발인데, 지령(간장)은 반 종지, 강정 빈 사과에, 대추 복숭아로다. 월리(워리) 사냥개는 통시(변소) 구린내만 맡고 오더라.

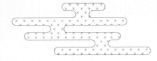

하늘을 가리는 삿갓을 쓰고

공자가 말하길, 하늘에 죄를 짓게 되면 빌 곳이 없다고 했다.
김삿갓은 그런 하늘이 두렵고 볼 낯이 없어 삿갓을 쓰고 방랑길에 올랐다.

김삿갓은 나이 스물에 영월 고을에서 열린 백일장에 참
가하여 장원을 따냈다. 그때 장원의 영광을 안겨준 시가
바로 자신의 조부를 욕한 내용이었다.

물론 백일장에 참가했을 때는 시제로 나온 역적 김익순
이 자신의 할아버지인 줄은 꿈에도 몰랐다. 장원이 되고
나서 어머니로부터 본가의 내력을 듣고서야 그 사실을 알
게 되었다. 그렇게 김삿갓은 역적의 자손이라는 죄책감을
움켜쥔 채 방랑길로 자신을 내던졌다.

김삿갓은 방랑길에 나서기 전 노인 한 사람을 만난 적
이 있다. 취옹이라는 일흔의 노인이었는데, 수차례 과거

에 낙방한 뒤 젊은 여자가 주모로 있는 주막에 붙어사는 사람이었다.

김삿갓은 조부를 욕한 사실이 괴로워 밤새 술을 마시다가 새벽녘에 노인이 머물던 주막에 들어갔는데, 죽을 듯이 괴로워하는 그에게 노인이 물었다.

"자네는 백일장에서 장원을 한 사람이니, '하천불가고상(河天不可翶翔) 이비아독투야촉(而飛蛾獨投夜燭)'이라는 말을 알겠지?"

《채근담》에 나오는 말로, '넓디넓은 하늘을 자유롭게 날아다닐 수도 있는데, 불나방은 어찌하여 등잔불 속으로만 뛰어들려고 하는가'라는 뜻이었다.

"예, 알고 있습니다."

"그처럼 박식한 자네인데, 왜 그 문장에 나오는 불나방처럼 자꾸 등잔불 속으로 뛰어들려고만 하는가? 넓은 하늘을 자유로이 훨훨 날아다닐 수도 있는 일 아닌가?"

김삿갓은 그 말을 듣고 크게 깨달은 바가 있었다.

'그렇다, 내가 여기서 주저앉는다고 해서 내 할아버지의 과오가 씻기는 것은 아니다. 더 넓은 세상을 경험하고 차후에 할 일을 찾아보아도 늦지 않다.'

생각을 고쳐먹은 김삿갓은 테두리가 큰 삿갓으로 얼굴을 가린 채 방랑길에 나섰다. 하늘을 올려다볼 수 없는 죄인의 심정을 품고서!

눈 오는 날

매양 눈이 내리더니 문득 날이 개어
앞산이 하얘지고 뒷산도 하얘졌구나.
창문을 열어 보니 사면이 유리벽이네.
아이에게 말하기를 그 눈 쓸지 말라고 하였네.

雪日常多晴日或
설 일 상 다 청 일 혹

前山既白後山亦
전 산 기 백 후 산 역

推窓四面琉璃壁
추 창 사 면 유 리 벽

分咐寺童故掃莫
분 부 사 동 고 소 막

雪日
설 일

● 자연을 바라보는 시선이 사뭇 따뜻하고 낭만적이다.

파 도둑 가려내기

용서가 쉬운 일은 아니지만, 인내심으로 용서하면 복이 되어 돌아온다.
정말 어려운 일은 용서해도 될 일인지, 아닌지를 판단하는 것이다.

김삿갓이 윤 생원이라는 영감의 집에서 머물 때였다. 그
는 돈 많은 부자이면서 마을의 온갖 일을 맡아 하는, 일종
의 지도자 역할을 하는 사람이었다.

하루는 밤에 자고 일어나 보니 어느 노파가 경작하는
파밭이 몽땅 털렸다는 보고가 올라왔다. 윤 생원은 김삿
갓을 불러 상의했다.

"삿갓 선생, 도둑놈을 잡아들여야겠는데 방법이 없겠소?"

"음, 밤을 틈타 파를 뽑아갈 정도면 어지간히 궁한 사람
인가 보군요."

노파가 경작하는 파밭은 규모가 제법 큰 것이었는데, 한

고랑도 남김없이 몽땅 쓸어간 상태였다.

"그런 놈은 잡아다가 본보기로 단단히 혼을 내야 다시는 이런 일이 안 생길 거요. 꼭 잡아야겠는데 좋은 방법 좀 알려주시오."

"범인을 잡는 일은 그리 어려운 게 아닙니다."

"그렇소? 그럼 어서 방법을 일러주시오."

"방법을 알려드리기 전에 저와 미리 한 가지 약속해두실 게 있습니다."

"그게 뭐요?"

"제 방법대로 하면 범인은 꼭 잡을 수 있을 겁니다. 하지만 그 범인은 이제 더는 마을에서 살 수 없을 것이니, 생원 어르신께서는 그의 정체를 마을 사람들에게 알리지 말아 주십시오."

가뜩이나 주민 수가 적은 마을이었다. 규모가 큰 파밭을 몽땅 털어갈 정도라면 시간이 오래 걸릴 것이고, 그렇다면 분명 마을 사람의 소행이었다. 그런데 마을 사람들에게 범인이 누구라는 사실을 알리면 그가 얼굴을 들고 마을에서 살 수는 없을 것이었다. 김삿갓은 그걸 우려한 것이다.

윤 생원은 김삿갓의 말대로 하겠으니 어서 방법을 알려 달라고 재촉했다.

"밤새 파를 뽑았을 것이니 아직 범인의 손에서는 파 냄새가 가시지 않았을 것입니다. 그러므로 마을 사람들을 한자리에 모아놓고 손 냄새를 맡아보면 범인을 알 수 있을 것입니다. 그러나 드러내놓고 냄새를 맡으면 범인은 미리 도주할 것이니, 적당히 일을 만들어 생원 어르신이 주민들과 일일이 악수할 기회를 가져보십시오."

"오! 그렇게 하면 되겠군."

그런데 윤 생원은 마음이 조급해 그날 아침에 당장 마을 사람들을 불러모아 드러내놓고 일일이 손 냄새를 확인하기 시작했다. 마을 사람이라야 오십 명 남짓이었기에 금방 확인할 수 있었다. 하지만 마지막 한 사람까지 일일이 손 냄새를 확인했건만 범인은 잡히지 않았다.

"거, 이상하다."

윤 생원이 고개를 갸웃거릴 때 누군가가 소리쳤다.

"박 서방이 안 보인다!"

그러고 보니 마을 사람 중 한 사람이 보이지 않았다. 처음에 모였을 때는 한 사람도 빠짐이 없었는데, 손 냄새를 확인하던 중 박 서방이 몰래 도망간 것이었다.

결국 박 서방이 범인임이 분명히 가려졌다. 하지만 그는 그날 밤이 늦도록 돌아오지 않았다.

김삿갓이 윤 생원에게 아쉬워하며 말했다.

"오늘 밤에는 박 서방의 식구들마저 야반 도주를 할 것입니다. 도둑놈 집안이라는 사실이 밝혀졌는데 어떻게 이 마을에서 살 수 있겠습니까? 결국, 생원 어르신은 파도 잃고 마을 사람들도 잃으셨군요."

윤 생원은 그제야 자신의 조급함을 후회했으나, 이미 모든 것을 잃은 뒤였다.

이 절 인심 고약타!

사람의 겉모습만 보고 무시하는 인물 중에 군자는 없다.
군자는 그 사람의 내면을 읽는 눈을 키우지,
겉치레 따위는 거들떠보지도 않는다.

김삿갓이 금강산을 지나던 중 어느 절을 지나게 되었다.
매우 단아한 절이라 그곳에서 잠시 쉬어 갈 요량으로 문
턱을 넘어섰다.

"스님들이 아무도 안 보이는군."

김삿갓은 절 한가운데 있는 법당 쪽으로 천천히 걸음을
옮겼다.

"오, 저기 스님이 계시는군."

조금 떨어진 법당 안에서 선비 하나와 스님이 마주 앉
아 뭔가를 이야기하고 있었다. 김삿갓이 법당으로 다가가
말을 건넸다.

"정처 없이 떠도는 나그네인데 잠시 쉬었다 가도 되겠습니까?"

순간 선비가 눈살을 찌푸리며 대꾸했다.

"지금 스님과 긴요한 얘기를 나누고 있으니 방해하지 말고 저리 가시오."

노골적으로 내쫓으려는 말에 김삿갓은 비위가 상했다.

"무슨 은밀한 얘기를 나누시나 본데, 참 딱하십니다."

"뭐요? 뭐가 딱하다는 말이오?"

은근히 심기를 건드린 김삿갓의 말에 선비가 발끈했다.

"비밀스런 이야기를 나누려면 저기 뒤꼍 승방에 가서 나눌 일이지, 앉아서 구만 리를 내다보시는 부처님 앞에서 밀담을 나누다니 두렵지도 않소?"

곰곰이 생각해보니 그 말이 맞았다.

선비와 중은 허름한 과객을 내쫓으려다 어리석은 속내를 들켜버린 듯하여 못내 부끄러웠다. 그들은 이번에는 글솜씨로 김삿갓을 내쫓을 궁리를 했다.

"보아하니 글줄이나 읽은 사람 같은데 내가 불러주는 운에 맞춰 시를 지을 수 있겠소? 시를 지어내면 음식을 대접하겠지만, 하지 못하면 내게 절을 하고 이 절을 떠나도록 하시오."

김삿갓은 속으로 쾌재를 불렀다. 선비는 스스로 제 무덤을 판 격이었다.

"좋소, 그렇게 합시다."

선비가 바로 운을 떼었다.

"타."

"타? 그 글자가 한문이오? 한글이오?"

선비는 잠시 머뭇거리다가 한글로 시작하는 게 더 어려울 듯하여 한글이라고 대답했다. 그러나 선비의 입에서 대답이 떨어지기 무섭게 김삿갓의 시가 튀어나왔다.

"사면 기둥 붉게 타!"

선비는 뜻밖으로 대답이 선뜻 나오자 재빨리 다음 운을 불렀다.

"한 번 더, 타!"

"석양 행객 시장타!"

"또 타!"

"이 절 인심 고약타!"

"……."

"아니, 왜 운을 부르다 마는 거요?"

너무 빠르게 답이 튀어나오는 것을 보고 선비는 몹시 당황했다. 더구나 김삿갓이 갈수록 듣기 거북한 대답만 골라 하자 다시 운자를 부를 마음이 생기지 않았다. 또 망신을 당할 것 같아 이쯤에서 포기하는 게 좋겠다고 생각했다.

그렇지 않아도 선비가 다시 한 번 타를 운자로 부르면 김삿갓은 이렇게 대답할 참이었다.

'지옥 가기 꼭 좋타!'

말 한 마리와 바꿀 뻔한 목숨

정의를 위해서는 선의의 거짓말도 나쁘지 않다.
김삿갓은 그런 생각으로 말 한 마리를 죽였다고 죽을 뻔한 젊은이를
살려냈다. 신분을 위장한 채 탐관오리의 혼을 빼놓은 것이다.

김삿갓이 어느 주막에 들렀는데 노인 하나가 인사불성
으로 술에 취해 혼자 주절거리고 있었다. 무슨 일인가 하
고 옆자리에 앉아 동태를 살피니 노인의 입에서 이런 소
리가 흘러나오고 있었다.

"말 한 마리 때문에 사람 하나가 죽게 되었으니…… 이
런 개 같은 세상 더 살면 뭐 하나…… 더러운 꼴 더 보기
전에 빨리 죽어 없어져야지."

김삿갓은 도대체 무슨 말인가 싶어 노인에게 다가가 그
사정을 묻고 들으니, 과연 기가 막힐 노릇이었다.

노인의 아들은 그 고을 사또의 마부였다. 사또는 성격이

포악했는데 유난히 말을 좋아하여 자신의 애마를 돌보는 사람을 따로 두고 있었다. 그런데 갑자기 말이 병이 걸려 죽자 사또는 노발대발하며 노인의 아들을 옥에 가두고 수일 안에 사형을 시키라고 엄명을 내린 것이었다.

세상에 그런 폭정을 휘두르는 자가 어디 있나 싶어 김 삿갓은 자기 일처럼 분노했다.

"내가 무슨 수를 쓰든 아드님을 살려낼 테니 노인께서는 이제 술 그만 드시고 댁에 가 계십시오."

노인은 김삿갓의 손을 부여잡은 채 눈물로 하소연했다.

"제발 내 아들 좀 살려주시오. 다른 것도 아니고 말 한 마리 때문에 젊은 목숨이 사라진다면 그 아이나 나나 원통해서 제대로 눈을 감고 죽을 수 없을 거요."

"그렇지요. 제가 한번 해볼 테니 염려 마십시오."

김삿갓은 그때부터 노인의 아들을 구하기 위해 궁리했다. 그러던 중 사또가 안동 김씨의 후광으로 그 자리에 올랐다는 사실을 알게 되었다. 안동 김씨라면 하옥(荷屋) 대감이라는 자가 실세 자리에 있었다. 김삿갓은 하옥 대감의 밀명을 받고 시찰하는 사람 흉내를 내기로 했다.

이튿날, 김삿갓은 관가로 가 사또에게 하옥 대감의 밀명을 받아 전국을 시찰 중이라고 엄포를 놓았다. 사또는 정말 그런지 김삿갓의 신분을 확인할 생각은 하지도 않은 채 하옥 대감이라는 말만 듣고 얼굴이 하얗게 변했다.

"귀하신 몸으로 이렇게 어려운 걸음을 해주셔서 영광입니다."

사또는 쩔쩔매며 김삿갓에게 귀빈 대접을 해주었다.

이윽고 두 사람이 주안상을 마주하고 앉게 되자 김삿갓은 서서히 본론을 꺼냈다.

"이 고을에 와서 듣자 하니 사또께서 애지중지 아끼던 말을 마부가 고의로 죽였다고 하던데 그게 사실이오? 사실이라면 그런 괘씸한 놈을 그대로 두면 안 될 터인데……."

"예? 그 말씀을 벌써 들으셨군요? 역시 암행 시찰을 하시는 분이라 소식이 빠릅니다. 그 괘씸한 마부를 살려주고 싶어도 일벌백계의 교훈을 남기기 위해서라도 처형할 생각입니다."

"음, 잘하셨소. 더구나 그놈은 세 가지의 중죄를 범했으니 더욱 살려둘 수가 없지요."

"예? 세 가지 중죄라니요? 사실 그놈은 제 애마를 죽인 죄밖에는 없습니다만……."

사또는 뜻밖의 말이라 어리둥절한 표정이었다. 김삿갓은 그때를 놓치지 않고 말했다.

"그 세 가지 죄 중 하나가 말을 죽인 사실인데, 그것은 이미 사또께서도 알고 있는 죄이고……."

"나머지 두 가지 죄는 무엇입니까?"

"첫째, 그놈은 사또를 살인자로 만들 것이니 이 어찌 중죄가 아니겠소? 그리고 둘째, 사또 수하의 마부가 말을 죽인 죄로 사형을 당했다는 소문이 전국에 퍼지면 반드시 하옥 대감의 귀에도 들어갈 것이오. 그렇게 되면 고귀한 사람 목숨을 고작 말 한 필과 바꾸었다는 사실을 안 하옥 대감이 가만있지 않을 것입니다. 즉, 인명을 경시한 죄로 사또를 문책할 거라는 말이지요. 이 또한 그놈에게서 비롯된 일이니 중죄가 아니고 무엇이겠소?"

듣고 보니 그럴듯한 말이었다. 마부를 죽임으로써 자신이 살인죄와 더불어 인명 경시 죄로 문책을 받게 된다는 것이었다.

사또는 등골이 오싹해져서 김삿갓에게 애원했다.

"그렇다면 그놈은 그냥 살려줘야겠습니다. 그리고 어르신께서도 이번 일을 하옥 대감께는 비밀로 해주시면 고맙겠습니다."

　김삿갓은 이제 일이 잘 마무리됐다고 생각하여 인심 쓰듯 말했다.

　"그야 물론이지요. 사또께서는 하옥 대감께서 천거해 재직하고 계신데, 제가 어찌 그런 불미스러운 일을 보고하오리까. 그런 걱정은 마시고 이제 마음 놓고 술이나 마십시다."

　김삿갓은 얼굴 한 번 본 적 없지만, 노인의 아들을 살려내어 여간 기쁘지가 않았다. 사람 목숨 하나 건졌다고 하니 자신이 그렇게 대견스러울 수가 없었다. 그는 사또가 권하는 술을 사양하지 않고 주는 대로 받아마셨다. 사또 역시 자신의 관직이 박탈당할 뻔한 위기에서 김삿갓의 도움으로 무사하게 되었다고 생각하여 돌아오는 잔을 마다하지 않았다. 두 사람은 밤이 깊어가는 줄 모르고 술잔을 주고받았다.

낙민루

선정을 펴야 할 선화당에서 도둑 떼 같은 정치를 펴니
낙민루 아래에서 백성들이 눈물 흘리네.
함경도 백성들이 다 놀라 달아나니
조기영의 집안이 어찌 오래가랴.

趙岐泳家兆豈永 조기영가조기영

咸鏡道民咸驚逃 함경도민함경도

樂民樓下落民淚 낙민루하낙민루

宣化堂上宣火黨 선화당상선화당

樂民樓 낙민루

●구절마다 동음이의어를 써서 함경도 관찰사 조기영의 학정을
풍자했다. 선화당은 관찰사가 집무를 보는 곳이다.

억지 부리다가 망신당한 나그네

김삿갓은 지인들이나 관리들에게 대접을 받은 적이 많다.
그때마다 공밥을 먹은 것은 아니고, 그 자제들에게 훈장 노릇을 하거나
여러 사건에 대해 조언을 해주었다.

김삿갓은 유랑하다가 이따금 관가에 머물기도 했다. 벼슬자리에 오른 지인들, 그의 명성을 들어 알고 있는 관리들의 대접을 받곤 했는데, 그때마다 며칠씩 머물면서 백성들의 여러 상소 사건을 해결하기 위해 많은 조언을 해주기도 했다.

한번은 한 나그네의 말이 갑자기 남의 보리밭으로 뛰어들어 이삭을 마구 뜯어 먹는 바람에 밭 주인이 변상을 요구하는 사건이 벌어졌다. 그때 말 주인은 이상한 논리로 변상을 거부했다.

"내가 보리를 뜯어 먹은 것도 아니고, 말 못하는 짐승이

한 짓인데 내가 왜 변상을 해야 한다는 말이오? 말이 오죽
배가 고팠으면 보리 이삭을 뜯어 먹었겠소? 그렇게 인심
이 야박해서야, 원!"

적반하장이라고, 나그네는 오히려 주인의 야박한 인정
을 탓했다. 화가 치민 밭 주인은 마침내 나그네를 끌고 관
가에 오게 되었다. 김삿갓은 자초지종을 듣고 사또에게
해결 방법을 일러주었다.

사또는 김삿갓의 기발한 해결법을 듣고 크게 기뻐하며,
그대로 시행했다.

사또는 곧 두 사람을 불러 이렇게 말했다.

"밭 주인은 그대로 서 있고, 나그네는 땅바닥에 앉도록
하라."

두 사람은 이상하게 생각하면서도 시키는 대로 했다. 사
또가 계속 명했다.

"자, 이제부터 달리기 시합을 할 테니 준비를 단단히 해
라. 시합에서 지는 자는 곤장을 칠 것이다."

느닷없는 달리기 시합이었지만, 삼척동자가 봐도 결과
는 뻔했다. 나그네는 앉은 상태에서 있는 힘을 다해 달렸
지만, 서서 달리는 밭 주인을 따라잡을 수 없었다.

시합이 끝난 뒤 나그네는 땀을 뻘뻘 흘리며 사또에게 볼멘소리를 했다.

"이건 너무 불공평한 시합입니다. 앉은 자세로 어떻게 서서 뛰는 사람을 이길 수 있겠습니까?"

그러나 사또는 시합에서 진 나그네에게 곤장을 치라고 명하고는 이렇게 호통쳤다.

"아직도 네 잘못을 깨닫지 못했구나! 물론 너는 아무리 애를 써도 밭 주인을 따라잡을 수 없었을 것이다. 하지만 그런 억지를 쓴 것은 네가 먼저였다. 나는 단지 억지를 쓰는 너를 억지로 대했을 뿐이니 내겐 큰 잘못이 없다."

나그네는 억지를 부리다가 된통 곤장을 얻어맞았다. 그러나 그것으로 끝난 게 아니었다. 사또는 밭 주인에게 손해배상을 해주라고 명했다. 나그네는 한껏 매를 맞고 변상까지 해준 뒤에야 관가에서 나올 수 있었다.

쉰밥을 먹으며

김삿갓은 쉰밥을 얻어먹으면서 점점 야박해지는 세상인심을 시로 달랬다.
방랑생활의 서러움 속에서 지은 시였지만,
그 안에는 재치를 잃지 않는 김삿갓 특유의 여유가 녹아 있다.

김삿갓이 함경도 지방의 어느 부잣집을 찾아갔다. 몇 끼를 거른 터라 먹을 것을 청했더니 주인 영감은 한마디로 거절해버렸다.

"세상에, 일도 하지 않고 남의 밥을 공짜로 얻어먹으려는 건 도둑놈의 심보가 아니고 뭐란 말인가!"

영감은 목에 핏줄을 세우고 악을 써대며 끝내 먹을 것을 내주지 않았다. 밥 한 숟갈이라도 먹지 않으면 곧 정신을 놓을 것 같아 김삿갓은 계속 먹을 것을 청했다. 영감은 끈질기게 달라붙는 김삿갓에게 질렸는지 결국 하인을 시켜 밥 한 그릇을 내주었다. 김삿갓은 고맙다는 인사를 하고 밥그릇을 받아들었다.

　그런데 알고 보니 밥그릇에는 쉰내가 풀풀 나는 밥이 들어 있었다. 하지만 그거라도 먹지 않으면 곧 쓰러질 것 같아 김삿갓은 근처 스무나무(느릅나무과에 속하는 나무) 아래로 가 꾸역꾸역 밥을 입안에 밀어 넣었다.

　쉰밥을 먹고 있자니 울컥 설움이 밀려왔다. 김삿갓은 주저앉아 밥알을 씹으며 이런 시를 지었다.

> 스무나무 아래 서른 나그네가
> 마흔 집안에서 쉰밥을 먹네.
> 사람 사는 세상에 어찌 일흔 일이 있으랴.
> 차라리 집으로 돌아가 서른 밥을 먹으리라.

二十樹下三十客 四十家中五十食
人間豈有七十事 不如歸家三十食

　이 시에는 김삿갓 특유의 재치가 담겨 있는데, 그 의미를 새겨 다시 정리해보면 이렇다.

스무나무 아래 서러운 나그네가

망할 놈의 집안에서 쉰밥을 먹네.

사람 사는 세상에 어찌 이런 일이 있으랴.

차라리 집으로 돌아가 선밥을 먹으리라.

　방랑하며 겪는 온갖 어려움과 점점 야박해지는 세상인심을 한탄한 노래이다. 하지만 그 와중에도 재치를 잃지 않는 김삿갓의 여유를 엿볼 수 있다.

구월산

지난해 구월에 구월산을 지나갔는데
올해 구월에도 구월산을 지나가네.
해마다 구월에 구월산을 지나가니
구월산 풍경은 늘 구월이라네.

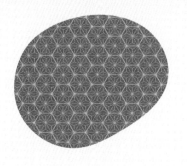

昨年九月過九月 （작년구월과구월）
今年九月過九月 （금년구월과구월）
年年九月過九月 （년년구월과구월）
九月山光長九月 （구월산광장구월）
九月山峰 （구월산봉）

● 해마다 9월에 구월산을 지나가기 때문에 김삿갓에게 구월산은 늘 9월에만 머물러 있다는 것이다. 시간이 흘러도 가을의 아름다운 산 정경이 변함없음을 노래하고 있다.

사또를 감동시킨 산소 고소장

아무리 재물을 좋아하는 사또라 해도
명문장을 볼 줄 아는 눈을 가졌다면 결국 정의를 택하게 된다.

깊은 밤, 주막의 방을 얻어 자던 김삿갓은 문득 여인의 울음소리에 눈을 떴다. 한밤중에 웬 울음소리인가 싶어 나가보니 주모가 훤한 보름달 아래서 울고 있었다.

"지금이 몇 경인데 혼자 그리 슬피 울고 있소?"

주모는 흠칫 놀라며 옷고름으로 눈물을 찍어냈다.

"제가 주책없이 손님의 밤잠을 깨웠나 보군요. 죄송합니다. 하도 기막힌 사연이 있어서 요즘 통 밤잠을 이루지 못한답니다."

김삿갓은 평상에 걸터앉으며 말했다.

"어디 그 기막힌 사연이 뭔지 나도 좀 들어봅시다."

주모가 들려준 사연은 이러했다.

주모는 삼 년 전에 남편을 잃었는데, 그때 남편의 묘를 잘 쓰려고 풍수장이에게 돈을 주고 명당을 골라달라고 부탁했다. 풍수장이는 좋은 자리를 고르고 고른 뒤 그곳에 주모의 남편을 묻게 했다. 그런데 이웃 마을에 사는 황 진사라는 늙은이가 그 자리가 명당이라는 사실을 알고 자기 조상의 묘를 바로 남편의 무덤 코앞에다가 썼다.

주모는 그 사실을 관가에 알렸고, 관가에서는 황 진사에게 무덤을 파 가라고 명했다. 하지만 황 진사는 말로는 파간다고 하면서도 질질 끌어 일 년 넘도록 버티고 있다는 것이었다. 하지만 이 문제에 대해 사또도 별 제재를 가하지 않고 그냥 보고만 있었다. 알고 보니 사또는 황 진사와 평소 두터운 친분관계를 유지하고 있어 일부러 모른 체한 것이었다.

"음, 대충 짐작이 가는구려. 내일 아침에 내가 고소장을 하나 써줄 테니 그만 주무시구려."

김삿갓은 주모를 다독여 재웠고, 날이 밝자 고소장 하나를 썼다.

파 간다 파 간다 함은 저쪽에서 항상 하는 말이고

잡아온다 잡아온다 함은 사또가 항상 하는 말이네.

오늘 내일 하는 사이에 천지는 늙지 않아도 세월은 자꾸 흐

르는 법.

이 핑계 저 핑계 대는 동안 적막강산은 백 년이나 흐르고

말 것이네.

掘去掘去 疲隻之恒言

捉來捉來 本守之例言

今日明日 乾坤不老月長在

此頻彼頻 寂莫江山今百年

김삿갓은 사또의 감정에 호소해야겠다는 생각으로 고
소장을 작성했다. 일일이 사또의 허물을 붙잡고 늘어진들
이미 황 진사와 내통한 마당에 별 효과가 없으리라고 생
각했기 때문이다.

"이 고소장을 관가에 올리시오. 글줄이나 읽은 사또라
면 아마 무슨 말인지 알아들을 것이오."

주모는 김삿갓이 써준 고소장에 감격하여 얼른 관가로 달려갔다.

아니나 다를까 사또는 김삿갓이 써준 고소장을 보더니 눈이 휘둥그레졌다.

"우리 고을에 이런 명문을 쓰는 자가 있었단 말인가? 도대체 이 글을 누가 쓴 것이냐?"

주모는 사또가 놀라는 것을 보고 일이 잘 풀릴 것 같은 예감에 들뜬 목소리로 대답했다.

"고소장을 써주신 분은 김삿갓이라고 하는 분인데, 지금 저희 집에 머물고 계십니다."

"뭣이, 그럼 그 유명한 시인 김삿갓이 자네 집에 머물고 있단 말인가? 당장 가보세."

"그 삿갓 어른이 그토록 유명한 시인입니까?"

어안이 벙벙한 채 주모는 사또를 주막으로 안내했다. 하지만 그들이 도착했을 때 김삿갓은 이미 떠난 뒤였다.

"방랑 시인이라고 하더니 그 말이 틀린 게 아니었구먼……."

사또는 아쉽지만, 발길을 돌릴 수밖에 없었다.

그 후 사또는 자신이 직접 나서서 황 진사를 설득하고 주모의 뜻대로 해주었다.

언문풍월

푸른 소나무가 듬성듬성 서 있고
사람은 여기저기 있더라.
엇득빗득 다니는 나그네가
평생 쓰나 다나 술만 마시네.

青松듬성담성立이요 청송듬성담성립이요

人間여기저기有라 인간여기저기유라

所謂엇뚝삣뚝客이 소위엇뚝삣뚝객이

平生쓰나다나酒라 평생쓰나다나주라

諺文風月 언문풍월

● 김삿갓이 서당에 들렀을 때 훈장이 유(有)와 주(酒)를 운자로 던
  져주자 그 자리에서 언문과 한자를 섞어 시를 지었다.

배움의 지혜

아무리 사소한 것이라도 배우지 않으면 알 수 없다. 그래서 배움에는 남
녀노소가 없고, 지위 고하가 없으며, 경중대소가 없다고 하는 것이다.

'멱'자밖에 모르는 훈장

모르면 모르는 만큼만 보여주면 된다. 그것이 겸손이다.
분에 넘치는데도 아는 척하는 것은 교만이며, 언젠가는 크게 망신을 당한다.

김삿갓이 어느 부자 마을을 지나게 되었다.

큰 기와집이 여러 채 눈에 띄고 지나가는 마을 사람들의 옷차림이 화사한 것만 봐도 대번에 '있는 집' 사람들임을 알 수 있었다. 김삿갓은 행인 한 사람에게 이 마을의 서당이 어디 있는지 물었다. 학동들에게 글 몇 줄 가르치고 하룻밤 신세를 질 심산이었다.

"저쪽에 보이는 큰 기와집이 서당이오."

서당치고는 덩치가 큰 집이었다.

'저렇게 큰 서당을 운영하고 있으니 훈장의 실력이 보통 아니겠는걸.'

휴식 시간인지, 서당 마당에는 학동들이 삼삼오오 모여 있었다. 얼핏 봐도 부잣집 도령들이었다.

"애들아, 훈장님은 어디 계시느냐?"

한 아이가 나서서 대답했다.

"누군데 우리 훈장님을 찾아요?"

누가 들어도 예의 바른 말투가 아니었다. 김삿갓의 허름한 옷차림을 보고 깔보는 모양이었다.

제자들의 면모를 보면 그 스승을 짐작할 수 있는 법이건만, 첫인상부터가 좋지 않았다.

"금강산을 유람 중인 과객이라고 일러라."

학동은 잠시 김삿갓을 아래위로 훑어보다가 안채로 들어갔다가 나왔다.

"일단 안으로 들어오시랍니다."

들어오든지 말라든지 할 일이지 일단 들어오라는 것은 또 무엇인가. 그 부분도 마음이 개운치가 않았다.

훈장은 제법 면모를 갖춘 품새로 양반다리를 하고 학당의 상좌에 앉아 있었다. 김삿갓은 예를 갖추고 하룻밤 묵게 해달라고 말했다. 그러나 훈장은 이렇다 저렇다 답변을 하지 않고 머뭇거렸다.

그 사이, 휴식을 마치고 학동들이 몰려 들어왔다. 김삿 갓은 서당의 한쪽에 앉아 수업을 지켜보기로 했다. 수업이 시작되고 한 아이가 훈장에게 질문했다.

"선생님, 이 글자는 더할 익(益) 자로 보아야 하나요?"

아이가 물은 대목은《명심보감》'성심편'에 나오는 구절인데, 넘칠 일(溢) 자를 가리키고 있었다.

훈장은 당연하다는 듯 고개를 끄덕이며 말했다.

"오냐, 당연히 더할 익 자로 보아야 하느니라."

김삿갓은 깜짝 놀랐다. 그것은 '더하다'는 뜻이 아니라 '넘치다'는 뜻으로 해석해야 옳았기 때문이다.

그릇이 가득 차면 넘치는 법이오

사람이 차면(자만하면) 기울어지는 법이다.

器滿則溢

人滿則喪

책을 조금 읽었다면 첫 문장의 일(溢) 자를 '더하다'로 해석할 리 없었다. 이렇게 해석한다면 '그릇이 가득 차면 더욱 이롭다'는 뜻이 되는데, 그러면 뜻이 전혀 달라진다. 훈장은 그 구절을 제대로 해석하지 못해 쩔쩔매고 있었다. 그때 김삿갓이 나서서 은근슬쩍 말했다.

"훈장님께서 눈이 침침해 글자가 잘 안 보이시는 것 같으니 내가 좀 봐주마."

그러면서 그 구절을 제대로 해석해주었다. 수업이 끝나고 학동들이 돌아가자 훈장이 넌지시 김삿갓에게 물었다.

"선생은 글줄이나 읽은 모양인데, 시도 지을 줄 아시오?"

낮에 당한 수모를 만회할 속셈이었다.

"조금 배웠습니다."

김삿갓은 훈장의 음흉한 속을 벌써 다 들여다보고 있었지만, 예를 갖추어 대답했다.

"그럼 내가 운자를 불러줄 테니 어디 한 수 읊어보시오. 막힘없이 시를 읊으면 오늘 밤 내 집에서 잘 수 있을 거요."

"예, 그렇게 하죠."

훈장이 대뜸 외쳤다.

"멱(覓)!"

이것은 원래 시의 운자로 잘 쓰지 않는 글자였다. 그것만 봐도 훈장 영감의 심술이 발동한 게 분명했다. 김삿갓은 바로 시를 읊었다.

하고 많은 운자 중에 왜 하필이면 멱 자란 말이오?

_{허 다 운 자 하 호 멱}
許多韻字何呼覓

훈장은 흠칫 놀라는 표정이었다. 전혀 시가 될 수 없을 것 같은 운자를 불렀는데도 바로 시가 튀어나왔기 때문이다. 훈장은 다시 운을 띄웠다.

"이번에도 멱!"

먼저 멱 자도 어려웠는데 또 멱 자란 말이오?

_{피 멱 유 난 황 차 멱}
彼覓有難況此覓

발끈한 훈장이 또다시 "멱!" 하고 외쳤다.

하룻밤 자고 가는 일이 멱 자에 달렸구나.

일 야 숙 침 현 어 멱
一夜肅寢懸於覓

바짝 독오른 훈장이 더욱 큰 소리로 내질렀다.

"멱!"

김삿갓은 훈장의 입을 완전히 틀어막을 심산으로 이렇게 맺었다.

> 산골 훈장은 아는 글자가 멱 자밖에 없는가 보다.

산 촌 훈 장 단 지 멱
山村訓長但知覓

그 구절을 듣고서야 훈장은 비로소 손을 들고 말았다. 더 이상 운자를 불렀다가는 더 큰 망신을 당할 것 같아 그냥 잠자코 김삿갓을 재워주기로 한 것이다.

●

식욕도 점잖게 다스려야

사람인 이상 식욕과 성욕은 어쩔 수 없는 모양이다.
밥을 얻어먹으면서 조기구이가 올라올 정도면 성찬이라 할 수 있는데,
김삿갓은 더 큰 조기를 먹으려고 그 와중에 꾀를 냈다.

김삿갓이 충청도 지방을 지날 때 소(蘇) 씨 성을 가진 선비 집에 들르게 되었다.

소 선비는 책을 많이 읽어 한문에 박식했고, 한시를 잘하는 사람을 무척 좋아했다. 김삿갓 역시 시에 능했기에 처음부터 소 선비에게 대접을 잘 받았다.

어느덧 점심때가 되어 김삿갓은 소 선비와 함께 점심상을 받게 되었다. 상 위에 오른 요리는 먹음직한 조기구이였다. 물론 두 사람이 먹기 좋도록 한 마리씩 따로 접시에 올려져 있었다. 그런데 가만히 보니 소 선비의 조기가 더 커 보였다. 그걸 보자 김삿갓은 큰 조기를 먹고 싶었다. 그

래서 잠시 생각하다가 한 가지 꾀를 냈다.

"소 선비, 우리가 통상 식사할 때는 밥을 왼쪽에 놓고, 국을 오른쪽에 놓고 먹지요?"

"그렇지요."

"그러면 오늘 밥상에 올라온 생선은 어디에 놓고 먹는 게 좋을까요?"

"글쎄요……."

소 선비는 처음 듣는 말이었기에 선뜻 대답할 수가 없었다. 생선이야 어디에다 놓고 먹건 무슨 상관이란 말인가. 하지만 지금까지 김삿갓과 여러 이야기를 나눠본 결과 보통 사람이 아니니 필시 무슨 까닭이 있어 그런 질문을 했을 거라고 생각했다. 그러니 아무렇게나 대답해버리면 자신의 체면이 깎일 것 같아 조심스럽게 대답을 미뤘다.

소 선비가 머뭇거리자 김삿갓이 다시 물었다.

"생선을 어디다 놓고 먹으라는 법은 없으니 쉽게 생각하지요."

"어떻게 하면 될까요?"

"소 선비께서는 성이 소(蘇) 씨죠?"

"그렇죠."

"소 자에 보면 고기 어(魚) 자가 어디에 있죠?"

"그야 왼쪽에 있죠."

한문 박사가 그것을 모를 리 없었다.

"하하하…… 그렇죠."

김삿갓은 거기까지만 말을 하고는 웃기만 할 뿐 다음 말을 잇지 않았다. 뭔가 골똘히 생각하던 소 선비가 역시 크게 웃으며 오른쪽에 있던 생선 접시를 왼쪽으로 옮겨놓았다.

"하하하…… 무슨 말씀인지 알겠습니다."

소 선비가 왼쪽으로 옮긴 접시에는 작은 조기가 들어 있었다. 자신이 작은 것을 먹겠다는 뜻이었다.

"다 드시고 모자라면 조기를 더 내오라 할 테니 마음껏 드십시오."

소 선비는 큰 생선을 먹고자 하는 김삿갓의 의중을 알아차리고 그렇게 말했다. 자칫 추하게 보일지 모르는 식탐을 애써 참지 않고 점잖게 유머로 다스리는 김삿갓이 소 선비는 부럽기만 했다.

두 사람은 통쾌하게 한바탕 웃은 뒤 함께 즐거운 마음으로 식사를 계속했다.

훈장

세상에 누가 훈장이 좋다고 했나.
연기 없는 심화(心火)가 저절로 나네.
하늘 천 따 지 하다가 청춘이 가고
시와 부(賦)를 논하다가 백발이 되었네.
성심껏 가르쳐도 칭찬 듣기 어렵고
잠시라도 자리 뜨면 시비하는 소리 듣기 쉽네.
손바닥 안의 보옥 천금 같은 자식을 맡겨놓고
종아리 쳐서 가르쳐달라는 게 부모의 참마음일세.

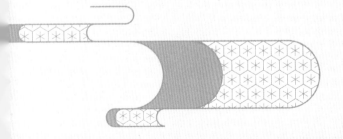

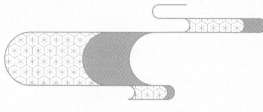

世上誰云訓長好 세상수운훈장호
無烟心火自然生 무연심화자연생

日天日地青春去 왈천왈지청춘거
云賦云詩白髮成 운부운시백발성

雖誠難聞称道賢 수성난문칭도현
暫離易得是非聲 잠리이득시비성

掌中寶玉千金子 장중보옥천금자
請囑撻刑是眞情 청촉달형시진정

訓長 훈장

● 김삿갓은 방랑하던 중에 여러 훈장을 만났고, 또한 직접 몇 차례 훈장 노릇을 하기도 했다. 하지만 훈장에 대한 그의 감정은 썩 좋지 않았다. 그래서 얕은 지식으로 아는 체하는 훈장을 조롱하는 시가 몇 편 남아 있다.

말 위의 말 잘하는 선비

말로써 부유해진 자는 반드시 말로써 가난해지고,
말로써 명예로워진 자는 반드시 말로써 불행해진다.
그래서 예로부터 어느 성현이라도 말을 삼가라고 훈계했던 것이다.

말재주라면 일가견이 있는 김삿갓이지만, 한번은 돼먹
지 못한 양반에게 보기 좋게 당한 적이 있다.

아직 금강산에 도착하지 못했을 때였다. 산중에서 어디
가 어딘지 갈피를 못 잡고 있는데, 마침 저만치에 말을 탄
선비 하나가 나타났다. 김삿갓은 너무 기뻐 그에게 달려
가 말을 건넸다.

"여보시오, 말 좀 물어보겠소."

딴에는 초면인지라 정중하게 말을 건넸으나, 말 위의 선
비는 무엇이 그렇게 못마땅한지 얼굴을 잔뜩 찌푸리며 엉
뚱한 대답을 했다.

"말을 물다니? 왜 얌전하게 잘 가고 있는 내 말을 문다는 건가?"

선비는 처음부터 김삿갓을 깔보고 반말을 지껄였다. 행색이 초라한 김삿갓을 보고 양반 체면에 고분고분 대꾸해 주는 것이 그로서는 아니꼬웠던 모양이다. 더구나 말꼬리를 잡고 늘어지고 있으니 불쾌하기 짝이 없었다. 하지만 김삿갓은 꾹 참고 다시 물었다.

"그게 아니고, 산중에서 길을 잃어서 그런데 어디 머물고 갈 만한 주가(酒家)가 있을까 해서요."

김삿갓은 여전히 정중하게 대해주었다.

"주가? 저 아래 동네에는 박가 이가는 많은데, 주가는 한 명도 없다네."

어처구니없는 대답이었다. 그래서 얼른 다시 물었다.

"술집이 어디 있느냐고 물어본 것이오."

"술집? 당신 참 딱하군. 술이 술술 들어가는 그 입 구멍이 바로 술집 아닌가? 바로 코 밑에 술집을 두고 왜 나한테 묻나?"

갈수록 기가 막혔다. 그래서 어디까지 가나 볼 요량으로 다른 질문을 던졌다.

"지금 머리에 쓴 것이 뭔가요?"

선비는 머리에 작은 초립을 쓰고 있었다. 선비가 초립을 쓰고 행장에 나선 것이 의아해 그렇게 물었던 것이다. 그랬더니 역시 대답이 또 삐딱했다.

"쓴 것이야 얼마든지 많지. 웅담도 쓰고, 개와 소, 말 따위의 쓸개도 엄청 쓰지."

김삿갓은 이제 더 이상 말장난을 할 상대가 아니라고 판단해 한마디 해줬다.

"예끼, 이 양반! 말 못할 인사로군. 그만 가보시오."

"뭐라고? 지금 이렇게 버젓이 말 위에 앉아 있는데 내가 왜 말을 못 탄다는 건가?"

선비는 끝까지 말대꾸를 하고는 유유히 사라졌다.

김삿갓은 어이가 없어 한동안 멍하니 제자리에 서 있었다. 머물 곳을 물어보려다가 보기 좋게 당한 형국이었다. 하지만 패배감 같은 것은 느껴지지 않았다. 실력으로 당한 게 아니었기 때문이다. 아마 시 대결을 벌이다가 그렇게 당했다면 심한 모멸감에 쥐구멍이라도 찾아 들어갔을 것이다. 김삿갓은 조금 전의 일을 훌훌 털어버리고 다시 길을 나섰다.

보름달은 보름 만에 뜨니 반달

보름달은 보름 만에 뜨니 반달이고,
낙엽은 너풀너풀 땅에 떨어지니 팔 푼이 된다.
언어유희와 과학적 사실에 근거한 김삿갓의 해학이 돋보인다.

김삿갓이 어느 절에 들렀을 때 문제 내기를 좋아하는
스님을 만났다. 그런데 그 문제는 과학적 혹은 상식적이
라기보다는 익살스럽고 재치가 있어야 답을 구할 수 있는
것이었다. 이를테면 이런 것이었다.

_{조 거 지 이 월}
鳥去枝二月

_{풍 래 엽 팔 푼}
風來葉八分

스님은 김삿갓에게 종이에 이렇게 써주고 이것이 무슨
뜻이냐고 물었다. 김삿갓은 읽고 또 읽어보아도 도무지

무슨 뜻인지 알 수가 없었다. 《사서삼경》에 나오는 말도 아니고 《채근담》이나 《소학》 등등 어느 책에서도 본 적이 없는 글이었다.

그 뜻을 풀어보면 '새가 날아가니 나뭇가지가 이월이고, 바람이 부니 나뭇가지가 팔 분이다'라는 것인데, 도대체 이게 무슨 뜻이란 말인가. 한참을 궁리한 끝에 김삿갓은 드디어 이 문제의 요지를 파악했다.

'옳지, 이 문제는 나의 재치를 시험하려는 것이구나.'

김삿갓은 요모조모 다르게 생각하다가 답을 구했다.

'나뭇가지에 앉아 있던 새가 날아가면 당연히 나뭇가지가 흔들흔들 떨릴 것이고, 바람이 불면 낙엽은 나풀나풀 땅으로 떨어질 것이다.'

바로 이것이 이 문제의 정답이었다. 김삿갓은 스님에게 답을 말했다.

"첫 번째 문장은 새가 날아가니 나뭇가지가 흔들려 '한 달한달' 흔들려 두 달이 된다는 소리입니다. 두 번째 문장은 바람이 불어 낙엽이 너풀너풀 땅에 떨어지니 팔 푼이 된다는 말이지요. 맞습니까?"

"허허, 맞습니다. 역시 선생의 재치는 당할 수가 없군요."

"이번에는 제가 문제를 내보겠습니다."

김삿갓은 문제를 종이에 써서 스님에게 주었다.

세상 사람들은 반쪽 달을 보고 반달(半月)이라고 부르지만 나는 보름날 밤에 뜨는 둥근 달을 보고 반달(半月)이라 부른다.

문제를 받아든 스님은 한참 들여다보며 고개를 갸웃거렸다. 그러다가 마침내 답을 찾았다.

"하하하, 역시 삿갓 선생다운 문제를 내셨습니다그려."

"답을 구하셨나요?"

"그렇습니다. 이 문제는 반달이 중요한 말이군요. 선생께서 보름달을 반달이라고 부르는 이유는, 보름은 한 달의 절반이기 때문이지요. 보름달이 아무리 둥글더라도 반 달(半月)에 한 번씩 뜨니까 반월이라 부른다는 말씀이군요."

"예, 스님의 말씀이 맞습니다."

얼핏 보면 스님과 김삿갓은 말장난을 하는 듯했지만, 그 것은 풍류와 더불어 학문이 어느 정도 경지에 도달해야만 풀 수 있는 문제였다.

벼룩

모습은 대추씨 같으나 용기가 뛰어나
이와는 친구 삼고 전갈과는 이웃일세.
아침에는 자리 틈에 몸을 숨겨 찾을 수 없고
저녁에는 이불 속에서 다리 물려고 다가오네.
뾰족한 주둥이에 물릴 때마다 찾아볼 마음이 생기고
알몸으로 뛸 때마다 단꿈이 자주 깨네.
밝은 아침에 일어나 살갗을 살펴보면
복사꽃 만발한 봄날 경치를 보는 것 같네.

平明点檢肌膚上　尖嘴嚼時心動索　朝從席隙藏身密　貌似棗仁勇絶倫
평명점검기부상　첨취작시심동색　조종석극장신밀　모사조인용절륜

剩得桃花万片春　赤身躍處夢驚頻　暮向衾中犯脚親　半風爲友蝎爲隣
잉득도화만편춘　적신약처몽경빈　모향금중범각친　반풍위우갈위린

蚤 조

●벼룩에게 물린 자국을 복숭아꽃이 만발한 봄 경치에 비유했다.
　하찮고 해를 끼치는 미물일지라도 바라보는 시선이 부드럽다.

세 여인의 첫날밤

아무리 사소한 것이라도 배우지 않으면 알 수 없다.
그래서 배움에는 남녀노소가 없고, 지위 고하가 없으며,
경중대소가 없다고 말하는 것이다.

어느 산골 주막에 들른 김삿갓은 환갑이 넘은 노파가
홀로 장사하는 것을 보고 이상히 여겨 물었다.

"왜 이런 산골에서 혼자 주막을 지키고 있습니까? 필시
무슨 사연이 있는 듯한데 한번 들려주시지요."

노파는 잠시 머뭇거리더니 막걸리 한 사발을 단숨에 들
이켜고는 지나간 사연을 풀어놓았다.

노파는 딸만 셋을 둔 집안에서 막내로 자랐다. 노파의
아버지는 매우 엄격해서 딸들의 바깥출입을 극도로 제한
했다. 그러다 보니 세 딸은 우물 안의 개구리처럼 자기 집
울타리 밖에서 벌어지는 일에 대해서는 매우 둔감한 상태

에서 성장했다.

결국 세 딸은 모두 혼기가 찰 때까지 시집을 가지 못하고 있었다. 그러던 중 첫째에게 중매가 들어와 시집을 가게 되었다.

첫날밤을 맞이한 신랑이 옷을 벗기려고 다가오자 첫째는 너무 부끄러워 옷을 꽉 움켜쥔 채 놓지 않았다. 그런데도가 지나쳐 신랑과 밤새도록 옷 때문에 실랑이를 벌였다. 첫째가 너무 완강하게 버티는 바람에 첫날밤은 싸움만 하다가 날이 새고 말았다. 신랑은 이맛살을 찌푸리며 투덜댔다.

"세상에 이렇게 미련스럽고 고집 센 여자는 처음 보았네. 이런 여자와 어떻게 평생을 산단 말인가?"

결국 그는 그녀를 친정으로 쫓아버렸다. 그렇게 첫째는 시집간 지 하루 만에 소박을 맞고 쫓겨났다.

그로부터 몇 달 뒤 둘째가 시집을 가게 되었다.

둘째는 언니처럼 소박을 맞지 않으려고 단단히 벼르고 첫날밤을 맞이했다. 그래서 둘째는 아예 방 밖에서부터 옷을 벗고 신방에 들어갔다. 방에 있던 신랑은 벌거벗고 들어오는 신부를 보고는 깜짝 놀라서 도망가며 말했다.

"이 여자는 너무 색을 밝히는구나. 이런 여자와 평생 살다가는 골치 아픈 일이 한두 가지가 아니겠어."

그렇게 둘째도 소박을 맞고 친정으로 쫓겨 왔다.

여기까지 이야기를 들은 김삿갓은 배꼽이 빠지도록 웃어댔다.

"하하하, 아무리 바깥 물정을 모른다고 해도 두 언니가 너무 고지식했던 것 같군요. 그래 주모께서 시집을 가서는 어떻게 첫날밤을 맞이하셨습니까?"

"나는 둘째 언니가 소박을 맞고 쫓겨 온 지 반년 뒤에 신방을 차리게 되었다우."

"그래서 무사히 첫날밤을 보내셨나요?"

"그랬으면 내가 왜 이런 산골에서 주막집이나 하고 있겠수."

두 언니가 첫날밤을 무사히 넘기지 못하고 쫓겨난 것을 본 그녀는 몹시 고민스러웠다. 벗어도 안 되고, 안 벗어도 안 되니 어찌하면 좋을지를 몰라 밤새 고민에 고민을 거듭했다. 누구에게 물어볼 사람도 없고, 혼자 아무리 궁리를 해봐도 도무지 좋은 생각이 떠오르지 않았다.

시간은 흘러 드디어 첫날밤이 되었다. 그녀는 그때까지

도 묘안을 생각해내지 못해 신방 앞에서 서성거리고 있었다. 하지만 밤새도록 그러고 있다가는 또 소박을 맞을 것 같아 용기를 내 안에다 대고 말했다.

"서방님, 벗고 들어갈까요? 입고 들어갈까요?"

그러자 방 안에 있던 신랑이 문을 박차고 나오며 말했다.

"무슨 이런 여자가 다 있담?"

그 후로 신랑은 다시 신방으로 들어오지 않았다고 한다.

말을 마친 노파는 한숨을 몰아쉰 뒤 다시 막걸리 한 사발을 들이켰다.

"그래, 정말 그렇게도 첫날밤을 어떻게 보내야 하는지 몰랐단 말입니까?"

김삿갓은 답답하다는 듯 물었지만, 당시의 노파로서는 정말 어떻게 해야 하는지 그 방법이 절실했다는 것이다. 그 말을 듣자 김삿갓은 느껴지는 바가 있었다. 배우고 안다는 게 얼마나 큰 힘인지를 새삼 깨달은 것이다.

아내를 장사 지내고

만나기는 왜 그리 늦었으며 헤어지기는 왜 그리 빠른지
기쁨도 맛보지 못하고 슬픔부터 맛보았네.
제삿술은 아직도 초례 때 빚은 것이 남아 있고
염습 옷은 시집올 때 지은 옷 그대로 썼네.
창 앞에 심은 복숭아나무엔 도화가 만발하고
구슬 꿰어 만든 발 너머엔 제비 한 쌍이 날아왔는데
그대 심성조차 알지 못해 장모님께 물으니
내 딸은 재덕을 겸비했다고 말씀하시네.

遇何晚也別何催　우하만야별하최
未卜其欣只卜哀　미복기흔지복애

祭酒惟余釃日釀　세주유여초일양
襲衣仍用嫁時裁　습의잉용가시재

窓前舊種少桃發　창전구종소도발
簾外新巢雙燕來　염외신소쌍연래

賢否卽從妻母問　현부즉종처모문
其言吾女德兼才　기언오녀덕겸재

상배자만
喪配自輓

●시집온 지 얼마 안 되는 아내의 상을 당한 남편을 대신하여 지은
시이다. 아내가 떠난 집에 제비가 찾아오고 복숭아 꽃이 피니, 아
내를 그리는 정이 더욱 간절해짐을 표현했다.

남편을 살해한 여인의 재판

김삿갓은 불이 났을 때 이미 죽은 사람의 입에는
검은 재가 고이지 않지만, 살아 있던 사람의 경우에는
입에 재가 고인다는 사실을 근거로 재판을 끌고 갔다.

회양 고을에 들른 김삿갓은 사또의 청으로 머물게 되었
는데, 그때 사내 하나가 불에 타 죽는 사건이 발생했다.

사내의 부인은 갑자기 집에 불이 나서 자기 남편이 분
사(焚死)하고 말았다고 했다. 그러나 시댁 사람들의 말은
달랐다. 못된 마누라가 남편을 죽이고 집에 불을 질러 마
치 불타 죽은 것처럼 위장했다는 것이다.

사또는 여간 골치 아픈 게 아니었다. 그래서 김삿갓에게
자문을 구했다.

"선생, 이 사건을 해결할 방법이 없겠습니까?"

김삿갓은 골똘히 생각하다가 사또에게 물었다.

"지금 시신을 땅에 묻은 상태입니까?"

"사내의 본가 사람들이 정확한 사인이 밝혀지기 전에는 매장할 수 없다고 해서 아직 묻지 않았습니다."

"그렇다면 의외로 간단히 이 사건을 풀 수 있습니다."

"예? 그게 정말입니까? 그것도 간단히 풀 수 있다고요?"

"돼지 두 마리를 준비한 다음 제가 시키는 대로 하십시오."

김삿갓은 사또에게 은밀히 방법을 일러주었다.

"오, 그런 기막힌 방법이 있었군요."

사또는 무릎을 치며 감탄했다.

이윽고 돼지 두 마리가 등장한 가운데 여인과 수많은 구경꾼이 관가 마당에 모였다. 사또가 엄정한 목소리로 여인을 향해 문초를 시작했다.

"너는 남편을 죽인 다음 불에 태워 살인을 위장한 것이 분명한데, 아직도 실토하지 않으니 독하기가 이를 데 없구나."

여인은 펄쩍 뛰며 말했다.

"사또는 무슨 근거로 그런 말씀을 하십니까? 저는 남편을 죽이지 않았는데 살인죄로 몰아가시니 억울한 마음을 금할 길이 없습니다."

"그렇다면 내가 증거를 댈 터이니 네 두 눈으로 똑똑히 보거라. 여봐라, 아까 준비시킨 것을 그대로 행하라."

사또가 미리 준비시킨 것이란 돼지를 쇠철장에 넣은 다음 불을 질러 태워 죽이는 일이었다. 그런데 돼지 중에 한 마리는 숨을 끊어 죽인 다음에 태워 죽이고, 다른 하나는 산 채로 불에 태워 죽이는 것이었다. 사또가 말했다.

"살아 있는 사람을 불에 태워 죽이면 입안에 재가 가득 남는다. 죽어가면서, 숨을 거칠게 쉬면서 발악하기 때문이다. 하지만 이미 죽은 사람은 불에 타도 입안이 깨끗하다. 죽은 자는 숨을 쉬지 못하기 때문이다. 이제 저 돼지의 입을 벌려 이 사실을 증명해 보일 테니 잘 보거라."

마침내 두 마리 돼지가 모두 불에 타 죽게 되었다. 사또의 명에 따라 돼지 입을 열어보니 과연 살아 있던 돼지의 입안에는 시커먼 재가 가득했다. 물론 이미 죽은 돼지의 입안은 깨끗했다.

"잘 보았느냐? 이래도 발칙하게 변명을 늘어놓을 테냐?"

사또의 호령에 여인은 그제야 한마디 대꾸도 못 한 채 무너지듯 땅에 엎어져 울음을 터뜨렸다.

해박한 지식을 가진 김삿갓 덕분에 사또는 명재판관의 명성을 얻게 되었다.

돌팔이 훈장을 골려주다

자신도 시를 이해하지 못하면서
남의 집 귀한 자식들을 데려다가 시를 가르친답시고 우쭐대는 훈장이라니!
김삿갓은 가소롭기 짝이 없었다.

어느 마을에 돌팔이 훈장이 있었다. 실력도 없으면서 으
스대며 다니는 늙은 훈장이었다.

김삿갓이 우연히 그 훈장을 알게 되었다.

"마침 목이 컬컬하니 저 돌팔이 훈장한테 술이나 얻어
먹어야겠구먼."

서당으로 찾아간 김삿갓은 훈장에게 아무 운자나 불러
주면 곧바로 시를 지을 테니 내기를 하자고 제의했다.

"내가 시를 빨리 짓지 못하면 내가 술을 사고, 운자를 부
르는 즉시 시를 지어내면 훈장께서 술을 사시오."

훈장은 김삿갓을 훑어보더니 흔쾌히 승낙했다. 거지꼴

을 한 주제에 무슨 시를 짓겠느냐고 생각한 것이다. 훈장
은 즉시 운자를 불렀다.

"구리 동(銅), 곰 웅(熊), 지네 공(蚣), 이 세 자를 가지고 시
를 지어보시오."

물론 훈장이 부른 운자는 시어로서는 적합하지 않은 괴
팍한 것들이었다. 하지만 그렇다고 시를 못 지을 김삿갓
이 아니었다. 곧바로 붓을 들어 시 한 수를 써 내려갔다.

"자, 다 됐으니 읽어보시오."

훈장은 더듬거리며 시를 읽어 내려갔다.

主人呼韻太環銅 我不以音以鳥態
濁酒一盆速速來 今番來期尺四蚣

훈장은 시를 다 읽고도 무슨 뜻인지 몰라 고개만 갸웃
거렸다.

"운자는 맞았지만, 도무지 무슨 내용인지 알 수가 없구려."

"하하하, 정 모르시겠다면 내가 설명해드리죠."

김삿갓은 큰 소리로 웃고 나서 자신의 시를 풀이하기
시작했다.

주인이 부르는 운자가 너무 고리(濮)고 구리(銅)니

나는 음(音)으로 시를 짓지 않고 새김(鳥熊)으로 지어야겠다.

막걸리 한 동이를 빨리 가져오시오.

이번 내기는 자네(尺四)가 지네(蚣).

　음과 훈을 교묘하게 사용하여 뜻을 통하게 만든 시였기에 훈장이 그 뜻을 이해하지 못한 것이다.

　자신도 시를 이해하지 못하면서 남의 집 귀한 자식들을 데려다가 시를 가르친답시고 우쭐대는 훈장이라니! 김삿갓은 가소롭기 짝이 없었다. 약속대로 김삿갓은 돌팔이 훈장에게 술을 실컷 얻어먹었다.

고양이

밤에는 남북 길을 제멋대로 다니며
여우와 살쾡이 사이에 끼어 삼걸이 되었네.
털은 흑백을 뒤섞어 수를 놓았고
눈은 청황색에 남색까지 물들였네.
귀한 손님 밥상에선 맛있는 음식 훔쳐 먹고
따뜻한 늙은이 품속에 덮여 자니
쥐가 어디에 있나 찾아 나설 땐 교만 떨다가
야옹 소리 크게 지를 땐 간담이 크기도 해라.

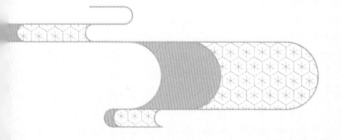

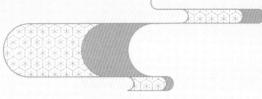

乘夜橫行路北南 승야횡행로북남
中於狐狸傑爲三 중어호리걸위삼

毛分黑白渾成繡 모분흑백혼성수
目狹青黃半染藍 목협청황반염람

貴客床前偸美饌 귀객상전투미찬
老人懷裡傍溫衫 노인회리방온삼

那邊雀鼠能驕慢 나변작서능교만
出獵雄聲若大談 출렵웅성약대담

猫 묘

● 고양이의 생김새와 습성을 예리하게 관찰하여 표현했다.

쉼표의 마력

'장비가 말을 타고 간다'와 '장비, 가마를 타고 간다'는 전혀 다른 말이다.
김삿갓은 박 영감에게 그 이치를 깨우쳐주고 후한 대접을 받았다.

어느 마을에 아부 잘하는 박 영감이 있었다. 그 소문을
듣고 김삿갓이 박 영감의 집으로 찾아가 하룻밤 묵을 수
있느냐고 청했다.

"우리 집에는 아무나 재우지 않으니 다른 데 가서 알아
보시오."

박 영감은 아부는 잘할지 몰랐으나 사람 알아보는 눈은
맹탕이었다. 왜냐하면 그는 지금 사또에게 받은 서신의
내용을 제대로 알아보지 못해 전전긍긍하고 있었기 때문
이다. 그 서신을 제대로 해석해줄 사람이 자기 집에 찾아
왔는데도 박 영감은 오히려 내쫓을 생각을 하고 있었던

것이다.

청을 거절당했다고 해서 그냥 고분고분 물러갈 김삿갓이 아니었다. 하도 문전박대를 많이 당하고 보니 이젠 이력도 나고 어느 정도 요령도 생긴 터였다.

"영감님, 저는 거저 재워달라는 게 아닙니다. 제 밥값은 꼭 할 테니 다시 생각해주시지요."

"밥값을 어떻게 한단 말이오? 산에 가서 나무라도 한 짐 해오겠다는 것이오? 나무라면 우리 집에 겨울을 날 만큼 쌓여 있으니 필요 없소."

"전 나무를 하는 일보다는 글과 관련된 일을 시켜주셨으면 합니다만…… 혹시 댁에 학동이 있으면 하룻밤 글이나 가르쳐주겠습니다."

글을 가르치겠다고 하자 박 영감의 눈초리가 금세 달라졌다.

"당신이 글을 할 줄 안단 말이오?"

박 영감은 김삿갓의 행색이 초라한 것을 보고 처음부터 얕잡아본 게 분명했다. 그런데 글을 가르치겠다고 큰소리를 치니 생각이 달라질 수밖에 없었다.

"학동들을 가르칠 정도는 됩니다."

김삿갓은 박 영감의 속을 훤히 읽고 있었으나 일부러 겸손하게 말을 건넸다.

"그럼 일단 안으로 들어갑시다."

　이렇게 해서 김삿갓은 박 영감과 마주 앉아 술잔을 기울이게 되었다. 술잔이 몇 순배 오가고 분위기가 무르익자 박 영감은 본심을 드러냈다.

"사실은 내가 요즘 고민이 하나 있는데……."

　그러면서 사또의 서신에 대한 이야기를 꺼냈다.

　박 영감은 자신의 환갑잔치에 사또를 초대하려고 초청장을 보냈는데 그 답으로 서찰 하나를 받았다. 그런데 그 서찰의 내용이 가타부타 말이 없이 달랑 여섯 글자만 적혀 있을 뿐이었다.

"그 서찰을 보여주십시오."

　박 영감이 보여준 서찰에는 과연 여섯 글자만 적혀 있었다.

　　　　來不往 來不往

　그 여섯 글자도 같은 구절이 두 번 반복돼 결국 세 글자만 적혀 있는 것이나 마찬가지였다. 김삿갓도 처음 보았을 때는 도무지 무슨 뜻인지 알 수가 없었다.

'왔으나 가지 않을 것이다? 오지 않지만 갈 것이다?'

어떤 식으로 해석을 해야 할지 난감했다. 김삿갓은 이모 저모 따져가며 오랫동안 궁리한 끝에 마침내 해석해냈다.

來不, 往 : 오지 말라고 해도 갈 판인데

來, 不往 : 오라고 요청까지 했는데 왜 안 가겠는가.

결국 그 서찰 내용은 어디에다 쉼표를 찍었는가에 따라 그 의미가 달라지는 문구였다. 이를테면 '장비가 말을 타고 간다'는 말을 쉼표 하나 잘못 찍으면 '장비, 가마를 타고 간다'는 전혀 다른 뜻이 돼버리는 것과 같은 이치였다.

이 문제를 해결해줌으로써 김삿갓은 며칠 동안 박 영감의 집에서 후한 대접을 받으며 지낼 수 있었다.

오랑캐 땅의 화초

오랑캐 땅에 화초가 없다지만
오랑캐 땅이라고 화초가 없으랴.
오랑캐 땅에는 화초가 없더라도
어찌 땅에 화초가 없겠는가.

胡
地
無
花
草 _호_지_무_화_초

胡
地
無
花
草 _호_지_무_화_초

胡
地
無
花
草 _호_지_무_화_초

胡
地
無
花
草 _호_지_무_화_초

胡
地
無
花
草 _호_지_무_화_초

胡
地
花
草 _호_지_화_초

● '호지무화초(胡地無花草)'를 네 번 반복해 완성했다. '호(胡)' 자
에는 '오랑캐'라는 명사와 '어찌'라는 부사의 뜻이 있다.

부록

김삿갓이 방랑길에 나선 이유

조선 시대의 김병연이라는 선비가 훗날 김삿갓으로 불리게 된 사연은 그의 할아버지 시대로 거슬러 올라가야 제대로 이해할 수 있다.

조선 순조 11년(1811년). 당시 사회는 탐관오리들의 부정부패로 말미암아 백성들의 원성이 높았다. 그때 평민 출신으로 유교와 풍수지리 등을 익힌 지식인이자 용력을 갖춘 장사(壯士) 홍경래가 난을 일으켰다. 이른바 '홍경래의 난'으로 불리는 이 반란은 서북인(西北人)을 관직에 등용하지 않는 조정의 정책에 대한 반감과 탐관오리들의 패악함에 분노하여 평안도 용강에서 봉기되었다.

그 당시 김병연의 조부인 김익순은 선천부사(宣川府使)라는 비교적 높은 관직에 올라 있었다. 홍경래는 조정에 대해 극도의 불만을 품고 있던 민심을 이용하여 대규모의 반란군을 구성, 파죽지세로 수많은 관아를 장악해 나아갔다. 반란군의 엄청난 기세에 밀린 가산, 박천, 태천, 정주 등지의 관아들은 힘없이 성을 내주었고, 마침내 군사적 요지인 선천까지 쳐들어오게 되었다.

이 싸움에서 가산 군수 정시(鄭蓍)는 일개 문관의 신분이었지만 반란군을 역적이라 외치며 최후까지 맞서 싸우다가 장렬하게 전사했다. 그러나 김익순은 군사와 식량이 부족한 데다가 앞서 여러 관청이 힘 한번 못 써보고 무너지는 것을 보았던 터라 대세는 이미 기울었다고 낙심하고 있었다. 그러던 중 추운 날씨를 이기려고 마신 술이 과하여 취중에 잠이 들었는데 그때 홍경래의 반란군이 들이닥쳤다.

잠결에 꼼짝없이 붙잡히고 만 김익순은 아예 저항할 생각도 하지 않고 반란군에게 순순히 무릎을 꿇었다. 이 일이 김익순의 가문에는 크나큰 치욕이 되고 말았다.

결국 반란이 평정된 이듬해 2월에 김익순은 사형에 처

해졌다. 이때 김병연은 여섯 살이었고, 그의 형 병하는 여덟 살, 아우 병호는 아직 젖먹이였다. 이들 세 형제는 김익순이 데리고 있던 하인 김성수의 도움으로 황해도 곡산에 있는 그의 집으로 피신하게 된다. 그 하인의 집에서 김병연과 그의 형은 틈틈이 글 공부를 하며 세월을 보냈다.

그 뒤 조정에서는 김익순에게 내린 벌을 당사자 한 사람에게만 국한한다는 조치를 내렸다. 그것은 가족이나 종족을 모두 죽여 없애버리는 멸족(滅族)만은 면하게 해준다는 조치였다. 다만 김병연의 가문은 폐족(廢族)을 면하지는 못했는데, 조부가 큰 죄를 짓고 죽어 그 자손이 벼슬을 할 수 없게 된 것이다.

어쨌든 김병연의 형제는 다시 집으로 돌아올 수는 있는 몸이 되었다. 가족들이 다시 한집에 모여 살게 되었으나 생활이 순탄할 리 없었다. 그의 가족들은 수시로 거처를 옮겨 다니며 고단한 삶을 꾸려나갔다. 그러다가 김병연의 아버지가 화병으로 세상을 떠나자 그의 어머니 함평 이씨는 형제를 데리고 강원도 영월 삼옥리로 거처를 옮겼다.

순조 26년(1826년). 어느덧 세월이 흘러 김병연의 나이 스물이 되었다. 마침 영월 관아에서는 백일장이 열렸다.

그동안 글 읽기를 게을리하지 않았던 김병연은 자신감에 차 백일장에 참가했다.

바로 이것이 김삿갓을 평생 방랑 시인으로 만든 계기가 되었다. 그때 백일장의 시제(詩題)는 '가산 군수 정시의 충성스러운 죽음을 논하고, 김익순의 죄가 하늘에 이를 정도였음을 통탄해보아라(論鄭嘉山 忠節死 罪通于天)'라는 것이었다.

김병연은 김익순이 자기 할아버지인 줄도 모르고 '백 번을 죽여도 아깝지 않은 만고의 비겁자'라고 경멸하는 시를 지어 제출했다. 심사 결과는 김병연의 장원이었다.

기쁨을 안고 돌아갔으나, 그날 저녁 어머니로부터 숨겨진 조부의 진실을 전해 들은 김병연은 하늘이 무너지는 듯한 충격에 휩싸였다.

'그토록 원망에 차서 성토했던 선천부사가 내 할아버지였다니……'

자기 가문에 대한 내력을 소상히 들은 김병연은 하늘이 온통 잿빛으로만 보였고, 앞으로의 삶에 대해서도 비관적인 심정에 휩싸였다. 관직에 나서려 해도 폐족의 후손은 한계가 있음을 익히 알고 있던 그였다.

그는 오랫동안 고심한 끝에 자신이 돌아가신 조부를 다시 한 번 죽인 죄인이라고 결론 내리고, 삿갓 하나만 달랑 쓴 채 돌아올 기약 없는 방랑의 길에 나섰다.

그 후로 김병연은 세상을 떠날 때까지 늙으신 어머니와 처자가 있는 집에 몇 번 들르지 않았다. 도중에 한두 번 그의 자식이 아버지의 귀가를 간절히 애원했으나 그때마다 억지스러운 이유를 대거나 자식의 눈을 속여 끝내 귀가하지 않았다.

다음은 김병연이 영월의 백일장에서 지어 바쳐 장원을 따낸 시의 전문이다. 바로 이 시 때문에 김병연은 평생 떠돌이 방랑생활을 하게 된 것이다.

이 나라의 신하로서 임금을 섬겨온 김익순은 듣거라.
정시는 비록 벼슬 낮은 문관이었으나
송나라 악비처럼 적에게 굴하지 않았으니 그 이름이 빛나지만
너는 적 앞에 무릎 꿇은 한나라 이릉처럼 비굴하기 그지없구나.

시인은 이에 대해 비분강개하지 않을 수 없기에
칼을 어루만지며 이 가을날 물가에서 슬픈 노래를 부르노라.

301

예로부터 선천은 대장이 지키던 큰 고을이라

가산 땅보다도 먼저 충의를 앞세워 지켜야 할 땅이었도다.

두 사람 모두 한 임금의 신하였거늘

죽을 때는 어찌 두 마음을 품었단 말인가.

태평세월이던 신미년 그해에

관서 지방에 비바람 몰아쳤으니 이 무슨 변괴란 말인가.

주나라를 받들려고 노중련 같은 충신이 나왔고

한나라를 보좌하기 위해 제갈량이 나왔듯

우리 조정에도 충신 정시가 있어

맨손으로 풍진(風塵)을 막아 절개를 지키고 죽지 않았던가.

낮은 계급의 관리로서 나라를 위해 전사한 가산 군수의 명성은

맑은 가을 하늘에 태양처럼 빛날 것이고,

그 혼은 남쪽의 묘로 돌아가 악비와 벗하여 살게 될 것이고,

그 뼈는 서산에 묻혀 백이숙제와 함께할 것이다.

서쪽에서는 매우 슬픈 소식이 들려오기에

●

도대체 어느 가문에서 나온 신하인가 보았더니
가문은 명성 높은 장동(莊洞) 김씨요
이름은 장안에서도 소문난 순(淳) 자 돌림이로구나.

가문이 훌륭하므로 성은도 두터이 입었을 것인데
그러니 백만대군 앞이라도 의를 굽혀서는 안 될 일이었거늘
청천강 맑은 물에 씻긴 병마는 어디에 두고
철옹산 나무로 만든 활은 또 어디에 두었단 말인가.

임금의 어전에 나아가 꿇어 엎드렸던 그 무릎으로
서쪽의 흉적에게 무릎을 꿇었구나.
너의 혼은 죽어서도 저승에 못 갈 것이니
그곳에도 선왕들께서 계시기 때문이다.

너는 임금의 은혜도 저버리고 조상까지 버렸으니
한 번 죽는 것으로는 가볍고 만 번 죽어야 마땅하다.
춘추의 팔법을 너는 아는가.
치욕적인 너의 이 사실을 역사에 기록하여 천추만대에 전하리라.

누구나 한 번쯤 읽어야 할
김삿갓의 지혜

1판 1쇄 인쇄 2023년 11월 15일
1판 1쇄 발행 2023년 11월 22일

엮은이 | 이문영
펴낸이 | 최윤하
펴낸곳 | 정민미디어
주 소 | (151-834) 서울시 관악구 행운동 1666-45, F
전 화 | 02-888-0991
팩 스 | 02-871-0995
이메일 | pceo@daum.net
홈페이지 | www.hyuneum.com
편집 | 미토스
표지 디자인 | 강희연
본문 디자인 | 디자인 [연;우]

ⓒ 정민미디어

ISBN   979-11-91669-55-8 (03320)